PARIS PORT DE MER

CANAL MARITIME DE DIEPPE A PARIS

PROPOSÉ

PAR E. SABATTIÉ.

PARIS. TYPOGRAPHIE DE HENRI PLON
IMPRIMEUR DE L'EMPEREUR
RUE GARANCIÈRE, 8.

PARIS PORT DE MER

CANAL MARITIME DE DIEPPE A PARIS

PROPOSÉ

PAR M. E. SABATTIÉ

AVANT-PROJET

ET

MÉMOIRE JUSTIFICATIF

PAR

M. ARISTIDE DUMONT

INGÉNIEUR EN CHEF DES PONTS ET CHAUSSÉES, ETC.

ET

M. LOUIS RICHARD

INGÉNIEUR CIVIL.

« Je veux faire de votre ville de Toulon de la Manche,
et Paris en deviendra le Marseille. »

(*Paroles de* NAPOLÉON Ier *à* M. FLOUEST, *maire de Dieppe.*)

AVEC CARTE

PARIS

HENRI PLON, ÉDITEUR

8, RUE GARANCIÈRE

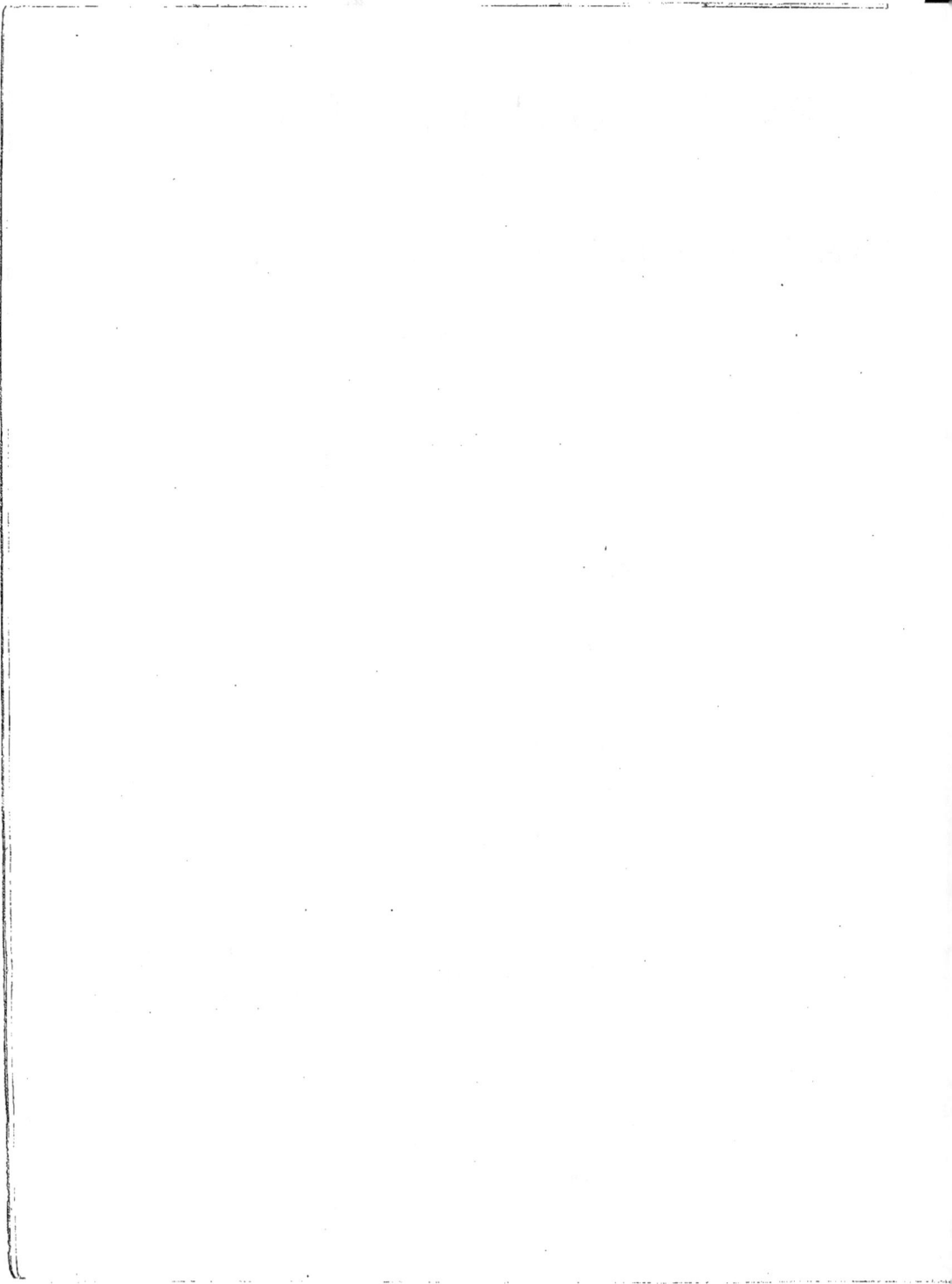

A SA MAJESTÉ

L'EMPEREUR NAPOLÉON III

SIRE,

En cinq années vous avez fait ce que les monarques qui vous avaient précédé n'avaient pu accomplir en trois siècles : la jonction du Louvre aux Tuileries. En moins de temps encore, VOTRE MAJESTÉ, si Elle le désire, aura permis aux navires d'un fort tonnage d'arriver jusqu'à Paris, et aux escadres de venir jeter l'ancre et hisser leur pavillon en face de l'arc de triomphe, qui rappelle tant de souvenirs de nos gloires militaires.

Au séculaire et toujours national problème de PARIS PORT DE MER nous apportons une solution entièrement pratique, et je viens supplier VOTRE MAJESTÉ IMPÉRIALE de daigner apprécier et juger les justifications que renferme ce Mémoire, œuvre de mes savants collaborateurs.

Entouré, déjà, de sympathiques et honorables adhésions, le projet que nous avons l'honneur de soumettre à VOTRE MAJESTÉ, obtiendra l'accueil le plus flatteur qu'il puisse ambitionner, si vous daignez, SIRE, lui donner votre haute approbation et accorder à l'œuvre qui doit être accomplie, la précieuse faveur de s'appeler le CANAL NAPOLÉON.

Daignez me croire,

SIRE,

De VOTRE MAJESTÉ,

Le très-respectueux serviteur et sujet,

E. SABATTIÉ.

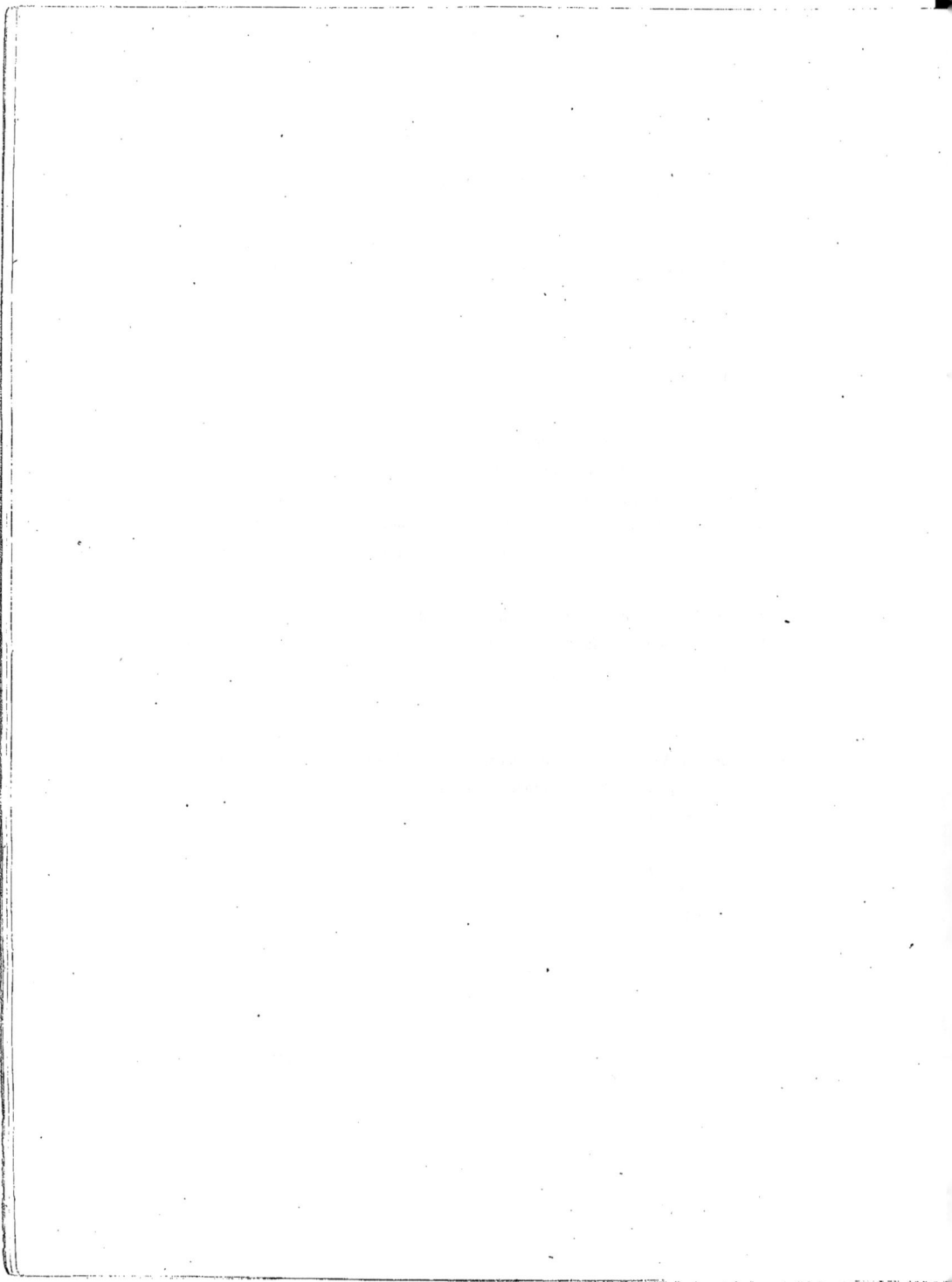

AVANT-PROPOS

Dans l'introduction de ce Mémoire, M. Sabattié, le promoteur du projet du canal maritime de Paris à Dieppe, invoque, avec une profonde conviction, les raisons d'intérêt général qui militent en faveur de la création de ce canal, et d'un port militaire et marchand à Paris.

Nous partageons cette conviction, et nous n'avons pas hésité à accorder notre active collaboration à l'exécution de ce grand projet.

La solution proposée, quoique nouvelle et hardie, n'en est que plus vraie et plus pratique, car elle se fonde sur les progrès réalisés, depuis trente ans, dans la science des constructions et les résultats de l'expérience dans l'élévation mécanique des eaux.

Depuis longtemps on avait proposé et étudié un projet de canal, à section ordinaire, entre Dieppe et Paris, et reconnu la facilité de son exécution; mais l'idée d'en faire une voie maritime et directe de Paris à l'Océan et de l'alimenter par des machines constitue la nouveauté du présent projet.

Lorsque cette idée nous fut soumise, avec la proposition de la formuler en un projet régulier, nous débutâmes d'abord par le doute ; mais à mesure que nous avancions dans cette étude, notre conviction se formait irrésistiblement : la facilité et l'immense utilité de l'entreprise nous apparaissaient à la fois.

La visite attentive du terrain nous donna bientôt la conviction que la direction de Paris à Dieppe ne présentait aucune difficulté sérieuse ; des vallées largement ouvertes, un seuil à franchir peu élevé, comparativement à celui des autres canaux français, des moyens d'alimentation pour ainsi dire indéfinis, du moment qu'on pouvait prouver la facilité et l'économie que procurait l'emploi de puissantes machines établies sur les bords de la Seine ou de la Béthune-Inférieure, offraient en effet des moyens de réalisation indiscutables, et nous ne tardâmes pas à trouver tous les éléments d'une solution pratique. Notre conviction devint absolue, quand nous reconnûmes qu'il était possible de substituer au système de l'élévation des eaux de biefs en biefs, seulement deux prises d'eau, placées à chaque extrémité du canal.

Nous sommes heureux de pouvoir dire que cette solution a été entièrement approuvée par les ingénieurs les plus célèbres et les plus autorisés de l'Angleterre, en matière de canaux.

Aujourd'hui, grâce au concours d'un personnel nombreux et dévoué, aux sacrifices pécuniaires que quelques hommes intelligents n'ont pas hésité à faire, aux conseils éclairés de personnes depuis longtemps rompues à la pratique des grandes entreprises, et à l'aide de mon intelligent collaborateur, M. Richard, ingénieur civil, le projet du canal maritime de Paris à Dieppe et du port de Paris, est complétement étudié et peut être soumis, dans les formes ordinaires, au contrôle de l'Administration. De puissants capitalistes offrent de l'exécuter à leurs risques et périls, sans subvention ni garantie d'intérêt de la part de l'Etat.

C'est donc avec une entière confiance que nous soumettons au public les résultats de nos travaux. Nous n'ignorons pas que ce projet soulèvera, dès l'abord, bien des incrédulités, que les intérêts froissés, après avoir feint de le traiter légèrement, l'attaqueront avec passion, mais nous avons aussi une foi entière dans sa prochaine exécution, parce qu'elle intéresse la grandeur et la prospérité du pays.

Ai-je besoin d'ajouter que ces études n'engagent en rien l'administration à laquelle j'ai l'honneur d'appartenir, et que ma coopération n'a ici qu'un caractère officieux et personnel!

Ce Mémoire se divise en six chapitres :

INTRODUCTION.

CHAPITRE I. — Considérations générales; utilité du projet au point de vue économique et politique; trafic et profil du canal.

CHAPITRE II. — Coup d'œil historique sur les divers projets déjà étudiés par la vallée de la Seine; description et discussion des tracés directs de Paris à Dieppe; tracé adopté; type des principaux ouvrages d'art.

CHAPITRE III. — Système d'alimentation du canal.

CHAPITRE IV. — Port de Paris et ses accès.

CHAPITRE V. — Port de Dieppe; état actuel des travaux à exécuter dans ce port.

CHAPITRE VI. — Estimation des dépenses du canal maritime et des ports de Paris et de Dieppe; produits de l'entreprise; conclusion.

ARISTIDE DUMONT,

Ingénieur en chef des ponts et chaussées.

INTRODUCTION

L'idée de doter Paris d'un port, à la fois militaire et marchand, n'est pas nouvelle. Henri IV, Louis XIV, Louis XVI, Napoléon Ier, Louis XVIII et Charles X, ont beaucoup désiré la réalisation de ce projet.

Alors, comme aujourd'hui, on se préoccupait des graves enseignements fournis par l'histoire, on savait que la marine avait bien souvent décidé du sort des Etats auxquels la mer fournit une partie de leurs frontières. On n'ignorait pas que Thémistocle affranchit la Grèce à Salamines, que les destinées du monde furent fixées à Actium, que la vraie suprématie navale et commerciale ne peut appartenir qu'aux peuples dont la capitale est le principal port : Tyr, Carthage, Gênes, Venise et Londres en fournissent la démonstration.

C'est sous l'empire de cette conviction, que Louis XIV ordonna à Colbert de lui conduire une flotte sous les croisées du Louvre. Seul, le grand ministre vit une idée profonde, là où le plus grand nombre n'entrevoyait qu'une satisfaction à la vanité du monarque.

Le problème de *Paris port de mer* devait donc être l'objet d'études et de recherches persévérantes ; il devait avoir le privilége d'être toujours national, de ne point vieillir, de traverser toutes les commotions politiques qui ont agité la France.

Pour que Paris soit, en réalité, un port militaire et marchand, il faut pouvoir disposer d'une voie navigable, *assez large, assez profonde* pour que, *en tout temps* et à *toute heure*, les navires puissent arriver aux bassins de ce port.

On connaît l'état *actuel* de la Seine : malgré les travaux déjà exécutés et les barrages établis, ce fleuve ne fournit, à peine, qu'un tirant d'eau de deux mètres de profondeur ; à partir de Rouen, on connaît, aussi, sa terrible *barre* et ses bancs de sable mobiles, cause de la perte de tant de navires. La Seine n'est pas la voie navigable qui puisse jamais permettre aux navires et aux escadres d'arriver jusqu'à Paris.

Je ne chercherai pas, ici, à indiquer les immenses difficultés et les calamiteuses conséquences qui se rattachent au projet de canaliser la Seine, pour lui procurer un tirant d'eau normal de huit mètres de profondeur. Ces difficultés et ces conséquences équivalent à des impossibilités d'ailleurs démontrées, dans ce Mémoire, par des voix bien plus autorisées que la mienne, et qui auront pour elles l'autorité de Colbert, de Vauban, de Riquet, d'Andréossy, qui repoussèrent ce système.

Comme il est unanimement admis, aujourd'hui, que cette canalisation du fleuve ne peut être faite dans des conditions convenables, il faut donc recourir à un autre moyen pour faire de Paris un grand port. Ce moyen consiste à créer un canal, *indépendant du fleuve et le plus court possible*.

Or, tel est notre projet : le canal proposé partirait de Dieppe, passerait à Arques, Neufchatel, Saint-Saire, Forges où serait son point de partage, Gournay, Beauvais, Creil, Pontoise, Herblay, Saint-Gratien, Epinay, et atteindrait Paris par Genevilliers, dont l'immense plaine serait occupée, en partie, par les ports militaire et marchand de la capitale. Pour permettre aux grands navires de commerce et aux bâtiments de la marine militaire d'arriver jusqu'à Paris, ce canal aurait *quarante-six mètres* de largeur au plan d'eau et un tirant de huit mètres.

Ici se présentent d'abord deux questions principales : le canal est-il *pratiquement* exécutable, son alimentation sera-t-elle *sûrement* obtenue ?

Relativement à la possibilité d'exécution, il suffira d'observer que le tracé proposé est le même que celui qui fut vérifié et approuvé en 1822 par le Conseil général des ponts et chaussées. La configuration du terrain est donc reconnue favorable.

Quant à l'alimentation, ce Mémoire établit qu'elle est plus que suffisante pour aire face aux besoins d'une navigation, dont le mouvement serait supérieur à celui qui existera réellement. La difficulté relative à la conduite de l'eau au bief de partage, est vaincue par l'emploi de machines à vapeur qui refouleront cette eau à une hauteur suffisante, d'où, à l'aide de rigoles, elle sera conduite au bief de partage. Cela est-il possible? La justification est visible à Lyon, à Glascow, à Manchester.....; dans ces populeuses cités l'eau est ainsi élevée à des hauteurs considérables, à un prix très-modique. On a acquis la conviction que ce système d'alimentation appliqué aux canaux est aussi rationnel qu'économique.

Le canal pouvant être créé, et son alimentation étant assurée par un système mécanique qui aura l'avantage de ne dépenser qu'en proportion des recettes, puisque la quantité d'eau à fournir sera en rapport direct avec le nombre des navires en circulation, il en résulte qu'on propose ici un système de voies navigables qui fonctionne et se rétribue d'une manière analogue aux chemins de fer. Ceux-ci ont leur voie, leurs rails, leurs stations, de même, notre canal aura sa voie, l'eau qui lui servira de rails, ses stations; les chemins de fer ont leur matériel de transport, le canal possédera des navires pour le transport des marchandises, des remorqueurs pour les traîner; les chemins de fer ont des rampes à franchir nécessitant l'emploi de plus de forces, d'une plus grande dépense de combustible, de même le canal aura des rampes, des chutes à racheter, ce qu'il fera avec ses écluses, c'est-à-dire avec un surcroît de dépense d'eau. Il est donc incontestable qu'il y a similitude au point de vue de l'emploi d'un élément mécanique, que cet emploi est aussi rationnel pour l'un que pour l'autre, et qu'il ne reste plus à se préoccuper que de comparer, pour chacune de ces deux voies, leur revenu proportionnel. Or, nous affirmons que le canal effectuera les transports à un prix inférieur de *cinquante pour cent* à celui actuellement perçu par les chemins de fer, et cette réduction sert de base à la demande en concession dans laquelle il est dit, formellement, que l'État n'aura à fournir *aucune subvention* ni *garantie d'intérêt*.

Je n'entrerai pas dans d'autres détails sur la *possibilité pratique* d'exécution et d'alimentation. Ce soin incombe spécialement aux savants et habiles ingénieurs qui m'ont prêté leur concours, qui ont partagé ma foi, qui m'aident à procurer à notre France son plus fertile élément de prospérité et de puissance. Unis d'esprit et de cœur pour accomplir cette œuvre grande et patriotique, soutenus par des aides dévoués, par des capitaux suffisants, par des amis qui partagent nos espérances et nous accordent le prestige de leur haute honorabilité, par l'opinion publique, par la presse, par les populations et leurs représentants légaux, dont les vœux ont été légalement manifestés, nous sommes résolûment montés sur la brèche pour défendre notre projet, avec la conviction intime d'y recueillir un triomphe prochain, parce que notre œuvre est *vraie, pratique, suffisamment rémunératrice*, parce que sa réalisation est devenue nécessaire ; enfin parce que nous aurons des juges impartiaux, désirant aussi la grandeur de notre patrie.

La création du canal maritime peut-elle nuire à des intérêts privés, entraînera-t-elle des conséquences dangereuses pour diverses villes, pour des entreprises considérables, violera-t-elle des droits acquis? Pour apprécier de si graves questions, pour qu'on ne puisse pas dire que j'élude la difficulté, que je n'ose aborder de front les récriminations qu'il est permis de prévoir, je me place en face de ces prétendus intérêts rivaux, et je demande hardiment au Havre, à Rouen, aux chemins de fer, quels sont leurs préjudices, leurs titres, les justifications de leurs plaintes et de leurs frayeurs chimériques.

Nul n'osera contester que ce sont, *seuls*, le génie et l'audace des entreprises commerciales, secondés par les bienfaits de la paix et le concours des capitaux, qui font la force et l'importance de l'industrie, comme celles d'un port marchand.

Ce principe si vrai a servi de base à l'abolition de ces entraves surannées qui étaient mises à la liberté du commerce, aux transactions internationales, à l'équilibre des alimentations; il a engendré la plus utile, la plus légitime, la plus rationnelle de toutes les révolutions économiques, l'acte le plus grand et le plus intelligent qui ait été accompli depuis plusieurs siècles, acte qui illustre autant le Monarque que son Ministre, la proclamation du principe de la liberté du commerce. Ces traités ont aboli les ridicules et préjudiciables prohibitions d'autrefois, ils ont affirmé le principe de la libre concurrence, et les faits ont prouvé que les routiniers avaient tort, puisque l'industrie et le commerce de notre pays ont pris, depuis lors, un considérable accroissement.

En appliquant les principes qui précèdent au Havre et à Rouen, ces deux villes perdront-elles leur importance, leurs relations au delà des mers, leurs correspondants et leurs acheteurs sur les marchés nationaux et étrangers, par le seul fait que Paris deviendra un port marchand? Est-ce qu'un capitaliste, un négociant, un armateur, du Havre ou de Rouen, ne pourront plus faire le négoce, et perdront *ipso facto* leur génie commercial, leur clientelle européenne ou transatlantique parce que la France possédera un port de plus? Ce ne serait pas être sérieux que prétendre une telle chose. D'ailleurs examinons les droits du Havre à se faire le porte-drapeau du *statu quo* quand même : Le Havre raisonnait-il comme il le fait aujourd'hui lorsque, bourgade sans valeur, il apparaissait subitement, grâce à la protection de Louis XIV? Paraissait-il si bon chrétien envers Rouen, Nantes et Bordeaux? Le Havre, moins que tout autre ville, a le droit de se plaindre; ce que Louis XIV fit pour l'humble bourgade, Napoléon III a bien le droit de le faire pour Paris.

Malgré sa prospérité rapide, malgré sa grande importance, le Havre a-t-il anéanti Londres et Liverpool, Nantes et Bordeaux? Non, pas plus que Paris n'anéantira le Havre. Cette ville est comme tous les autres ports : chacun d'eux a des relations qui lui sont propres, ses points d'écoulement et d'approvisionnements, la création d'un nouveau port ne peut pas être plus contestée, que le droit qu'a tout citoyen d'acheter et revendre des articles semblables à ceux achetés et revendus par les habitants d'une ville voisine. S'il n'en était pas ainsi, Marseille devrait demander et obtenir qu'aucun navire n'eût le droit d'entrer dans le port de Cette, de même qu'une pareille interdiction devrait frapper le Havre au profit de Nantes et de Rouen, dont l'existence est bien antérieure.

Le Havre pourrait-il dire de quelle manière il défend les intérêts de la France, comment il paie sa dette à la patrie! Pendant que Londres et Liverpool ont en charge, chaque semaine, une moyenne de plus de *cent mille tonnes* pour l'Inde, l'Australie et la Chine, que fait le Havre? Rien..., *pas une* tonne pour ces lointains rivages; il n'a pas voulu ou su créer des services de transports réguliers et *sérieux* pour ces divers continents, et il contemple dans son impuissance et sa mollesse nos produits français obligés de *s'anglicaniser* pour parvenir à Calcuta ou à Canton; car ils ne trouvent que des bâtiments anglais pour se faire transporter dans ces lointaines métropoles commerciales de l'Asie. C'est en présence d'un état de choses si désolant pour notre commerce, pour l'orgueil national et pour l'accroissement de notre marine marchande, seule et unique pépinière du personnel de notre marine militaire, que le Havre protesterait contre Paris devenant port de mer, contre Paris où se réunissent tous les grands capitaux, contre cette immense ville, la seule de l'Empire qui puisse organiser de puissantes compagnies et de grandes entreprises! Paris indus-

triel a fait tous nos chemins de fer ; Paris ayant sous ses yeux le spectacle en-
traînant que procurent les navires, organiserait des lignes trans-océaniques, pro-
mènerait le pavillon national sur toutes les mers, transporterait nos produits sur
tous les rivages, développerait, créerait le génie maritime qui manque à la France,
en lui donnant le goût et l'audace des entreprises navales.

On le voit, le droit, les besoins de l'État, l'intérêt général portent à repousser
énergiquement, toutes le protestations qui pourraient être faites contre la création
d'un port à Paris, car, dans ces protestations, il ne faudrait voir qu'une mesquine ja-
lousie de clocher, ou la ridicule prétention à un monopole aussi égoïste et immérité
qu'il serait impossible à obtenir. Enfin qu'on se pose cette question : Est-ce que le
Havre empêche la création du port marchand de Brest ? Est-ce que le Havre intéresse
plus l'Etat que Paris ? Est-ce que Londres anéantit Liverpool ?

Maintenant, voyons ce que pourront dire les chemins de fer :

En admettant que l'établissement du canal fasse diminuer les recettes de la
ligne de l'Ouest, ce qui n'aura pas lieu et je le prouverai bientôt, sur quoi cette compagnie pourrait-elle baser ses protestations, et avec quoi justifierait-elle ses préten-
tions ? Est-ce sur la foi des traités ? Mais le gouvernement ne s'est jamais interdit le
droit de construire le canal maritime, et, d'ailleurs, n'a-t-il pas autorisé le touage
sur la Seine, concurrence bien plus voisine que celle du canal. Par cela seul que le
chemin de fer existe, faudrait-il sacrifier à son intérêt, l'intérêt général, l'intérêt
politique, faudrait-il qu'un *veto* injustifiable fut infligé au progrès, à l'économie des
transports et par suite à l'industrie, à l'abaissement du prix des vivres, faudrait-il
rester stationnaires alors que tout marche, se perfectionne ou se complète ? N'est-ce
pas cette même compagnie qui a vu supprimer les maîtres de poste qui pourtant
avaient un *privilège*, et qu'a-t-elle donné aux entreprises de diligence et de roulage
qu'elle a totalement anéanties et qui fournissaient du travail et du pain à de si nombreuses familles ? L'Etat n'hésita pas à sacrifier ces divers intérêts à l'intérêt général,
et il fit bien : l'intérêt général recueillant de grands avantages de la création du
canal qui procurera de notables économies sur les frais de transport, qui concourra
au bien-être, à l'embellissement de la capitale, de Beauvais, de Gournay, de Neufchâtel et de Dieppe, qui servira de refuge à la marine marchande et militaire contre
la tempête ou contre les flottes ennemies, n'est-il pas logique que l'Etat fasse pour

ce canal ce qu'il fît pour le chemin de fer? Objectera-t-on qu'il y a un minimum d'*intérêts* garanti ? L'objection ne serait pas heureuse, car elle se retournerait contre le chemin de fer lui-même; elle ne serait pas plus embarrassante si elle était faite par l'Etat, puisque les revenus et avantages immenses que lui procurera le canal dépasseront de beaucoup la garantie des intérêts promis au chemin de fer.

Mais, je conteste que le chemin de fer ait à souffrir de la création du canal, et je vais le prouver par des documents et des chiffres *officiels*.

En effet :

Le mouvement moyen de la batellerie, entre Paris et le Havre, a été :		Le mouvement moyen du transport par chemin de fer, entre Paris et le Havre, a été :	
En 1859 de.	731,428 tonnes.	En 1859 de.	936,440 tonnes.
En 1860 de.	738,102 Id.	En 1860 de.	1,020,614 Id.
En 1861 de.	767,466 Id.	En 1861 de.	1,171,000 Id.

Il résulte de la comparaison des deux tableaux qui précèdent que plus la batellerie a été occupée et plus ont augmenté les transports effectués par le chemin de fer, ce qui donne le droit de formuler, en axiome, la proposition suivante : *plus la navigation augmente, plus aussi augmentent les recettes des chemins de fer.* Le canal maritime étant un élément nouveau pour l'importation et l'exportation, au lieu de nuire au chemin de fer, lui procurera donc de nouveaux éléments de prospérité.

Quant aux lignes de l'Est, du Bourbonnais, de Lyon, d'Orléans, du Midi, à coup sûr elles ne protesteront pas contre la création du canal maritime. Paris, devenu grand port de commerce, donnera une augmentation considérable au trafic de ces lignes et, spécialement aux deux premières, procurera des transports qui sont confiés actuellement aux chemins de fer Belges. Aujourd'hui, en effet, Paris n'étant pas accessible aux navires, ceux-ci ne vont point, pour les cotons par exemple, débarquer au Havre ou à Rouen les balles destinées au Luxembourg ou à l'Allemagne centrale; mais Paris étant un grand port et aussi rapproché de l'Allemagne centrale que l'est Anvers, c'est à Paris que viendraient décharger ces mêmes navires parce que notre capitale présenterait, beaucoup plus qu'Anvers, la probabilité d'un chargement pour le retour. Par suite donc, l'arrivée des navires à Paris procurera à nos chemins français les transports qui, en ce moment, sont obtenus par les chemins de fer belges. Paris grandira aux dépens de Londres, d'Anvers et de Trieste.

Cette question de rivalité d'intérêts n'a donc pas sa raison d'être, et d'ailleurs, ne faut-il pas reconnaître que les chemins de fer ont gravement compromis l'avenir de notre marine? Au moyen des embranchements qu'ils ont établis sur notre littoral, ils sont parvenus à relier et desservir tous nos ports, d'où est résultée la ruine du cabotage. Or, pas de cabotage, pas de marine au long cours, pas de personnel pour nos escadres ! ! !....

N'est-ce pas une puissante considération que de donner à Paris une suprématie commerciale et financière, comparable à celle de Londres, de provoquer un surcroît d'accroissement à sa population? Ne faut-il pas procurer à cette superbe ville de nouveaux revenus, qui compensent la diminution que vont éprouver ses recettes, par suite de l'application de la loi qui prescrit qu'en 1866 toutes les usines, actuellement dans l'intérieur de Paris, seront transportées hors des fortifications? Ce revenu ne résulterait-il pas de l'accroissement de consommation provoquée par l'abaissement des frais de transport? N'est-ce rien pour développer le génie maritime que d'offrir aux populations de la Normandie et aux Parisiens le spectacle émouvant de nos escadres, venant presque sous les croisées des Tuileries, hisser leurs pavillons et concourir à célébrer la nouvelle d'une de nos prochaines victoires? Possédant la plus belle armée de terre, pourquoi ne posséderions-nous pas la plus puissante des armées navales? Est-ce que l'enfant de Paris qui, sous le costume de zouave, noyait les Autrichiens à Palestro, ne saurait pas combattre sur l'Océan, si on offrait à ses impressions du premier âge le continuel spectacle de l'arrivage ou du départ des vaisseaux, comme on lui offre aujourd'hui les manœuvres et les revues du Champ de Mars? Est-ce que, surexcité et éclairé par la vue de nos flottes, il ne rêverait pas de Duquesne, de Jean-Bart et de Surcouf autant que de Bayard, de Turenne et de Ney? Est-ce que les rois de la finance ne subiraient pas l'entraînement général et ne se réveilleraient pas, un beau matin, évoquant le souvenir de l'ancienne compagnie des Indes, de l'association Louisianaise, de la colonisation de ce Canada, qui n'a pas oublié encore qu'il était un enfant de la France? Est-ce que Paris, devenu port de mer et tête de ligne des chemins de fer de l'Europe continentale, ne présenterait pas tous les éléments nécessaires pour devenir le grand marché et le grand entrepôt de l'Europe? Paris qui attire et donne les capitaux, les plaisirs, les innovations, la paix et la guerre, Paris obtiendrait, au moyen du canal, cet entrepôt et ce grand marché du monde, Paris organiserait de vastes entreprises, créerait de nombreuses compagnies dont les navires porteraient sur les plus lointains rivages le nom, le pavillon et les produits de la France. Alors même que Paris devenu port ne procurerait pas tous les résultats que je viens de signaler, pourquoi le canal ne serait-il pas construit, puisque, s'il est vrai que les vaisseaux cuirassés peuvent impunément braver les batteries de terre et entrer dans les ports pour y prendre ou détruire les navires marchands, ses cent quatre-vingt-dix kilomètres de longueur fourniraient un refuge inexpugnable à la marine marchande, au cas où de nouveaux malheurs viendraient frapper notre patrie? Pourquoi ne pas créer ce port de refuge qui n'a pas son pareil dans le monde? La dynastie Napoléonienne, seule, est capable de donner à la France ce complément de puissance, de richesse, de gloire et de sécurité, devant lequel il faudra bien que tous s'inclinent; elle peut le faire sans sacrifice, car il n'est pas demandé à l'Etat un centime de subvention.

Aussi, je ne puis, je ne dois, je ne veux pas douter, parce que l'intérêt de la France entière, comme celui de la capitale, se réunissent à l'orgueil national pour demander et obtenir la création du canal.

Cette idée, que rien n'a pu faire abandonner, aurait déjà l'autorité *du fait accompli*, si, aux époques où elle était le plus énergiquement poursuivie, la science de l'hydraulique avait été, comme de nos jours, en mesure de vaincre les difficultés opposées par la nature. Paris port de mer est donc une dette que depuis deux cents ans la France réclame; aujourd'hui elle en demande le payement à celui de ses monarques qui a réellement prouvé qu'il ne laisse jamais *protester* l'intérêt, la puissance, la gloire et l'honneur de notre patrie.

J'ai affirmé que le problème de *Paris port de mer* demandait une solution entière et non pas partielle, parce que ce problème ne doit pas seulement satisfaire les yeux, car les vaisseaux qui viendront saluer la capitale porteront dans leurs flancs l'élément fécondant du génie maritime et de la suprématie financière et commerciale de Paris et de la France.

Sous l'empire de cette conviction profonde, nous avons résolûment proposé comme solution de ce problème, la construction d'un canal indépendant de tout fleuve, dont les dimensions et la profondeur d'eau permettraient aux plus grands géants de la mer de venir saluer l'Arc de Triomphe sur lequel l'aigle des Napoléon a écrit nos gloires nationales.

Nous avons demandé à la vapeur, à la mécanique hydraulique, à la science des constructions de nous laisser emprunter aux merveilleux trésors qu'elles ont ramassés dans les trente dernières années.

C'est ce qui a permis d'asseoir le projet sur deux principes nouveaux :

1° Imperméabilité du canal ;

2° Alimentation totale ou complémentaire, à bas prix, par des machines.

Le canal aurait *un point de partage* dont la hauteur *absolue et relative* est de beaucoup inférieure à celle des points de partage de la plupart des autres canaux français, et les ressources d'alimentation suffiraient à un mouvement de navires supérieur à tous les besoins du commerce le plus actif.

Le revenu *net*, produit par le canal, permettrait de réduire les frais de transport à un prix bien moins élevé que celui des chemins de fer ; ce produit *net* serait tellement rémunérateur, que les demandeurs en concession ne réclament à l'Etat ni subvention ni garantie d'intérêt.

Je crois avoir démontré qu'aucun intérêt rival n'avait de raisons sérieuses ni légales pour s'opposer à la création de ce canal, et j'ai justifié que l'intérêt général, que l'Etat, que la ville de Paris, que l'orgueil national, que les éventualités de guerre commandaient l'établissement de cette belle voie de navigation.

Et ma voix, écho fidèle de la voix de la France, dit à Napoléon III :

Sire, votre patriotisme nous donnera

PARIS PORT DE MER....!!!

Puis, n'ai-je pas le droit d'ajouter :

Le percement de l'isthme de Suez est une œuvre grande, utile, mais elle n'est que partiellement française. Sans doute, elle raccourcit le chemin qu'auront à parcourir le commerce, la civilisation et le christianisme pour apporter leurs bienfaits au vaste continent asiatique ; mais... doter Paris d'un port militaire et marchand ; ajouter aux merveilles, que possède déjà cette capitale, l'animation magique que les flottes donnent à Londres et à Constantinople; à la suprématie que l'univers entier lui reconnaît pour les sciences, les arts, les lettres, le bon goût et les plaisirs, ajouter aussi la suprématie commerciale et financière, en faire la dispensatrice du bien-être de l'Europe, placer le monde dans ses mains pour qu'elle lui distribue, à son gré, la richesse, la paix ou la guerre, et, au milieu de tant de puissance et de tant de splendeurs, y entretenir le phare de la liberté, c'est faire une œuvre entièrement nationale, suffisante à immortaliser un règne, c'est noblement affirmer le génie de la France !

E. SABATTIÉ.

CHAPITRE IER

CONSIDÉRATIONS GÉNÉRALES. — UTILITÉ DU PROJET AU POINT DE VUE ÉCONOMIQUE
ET POLITIQUE. — TRAFIC ET PROFIL DU CANAL.

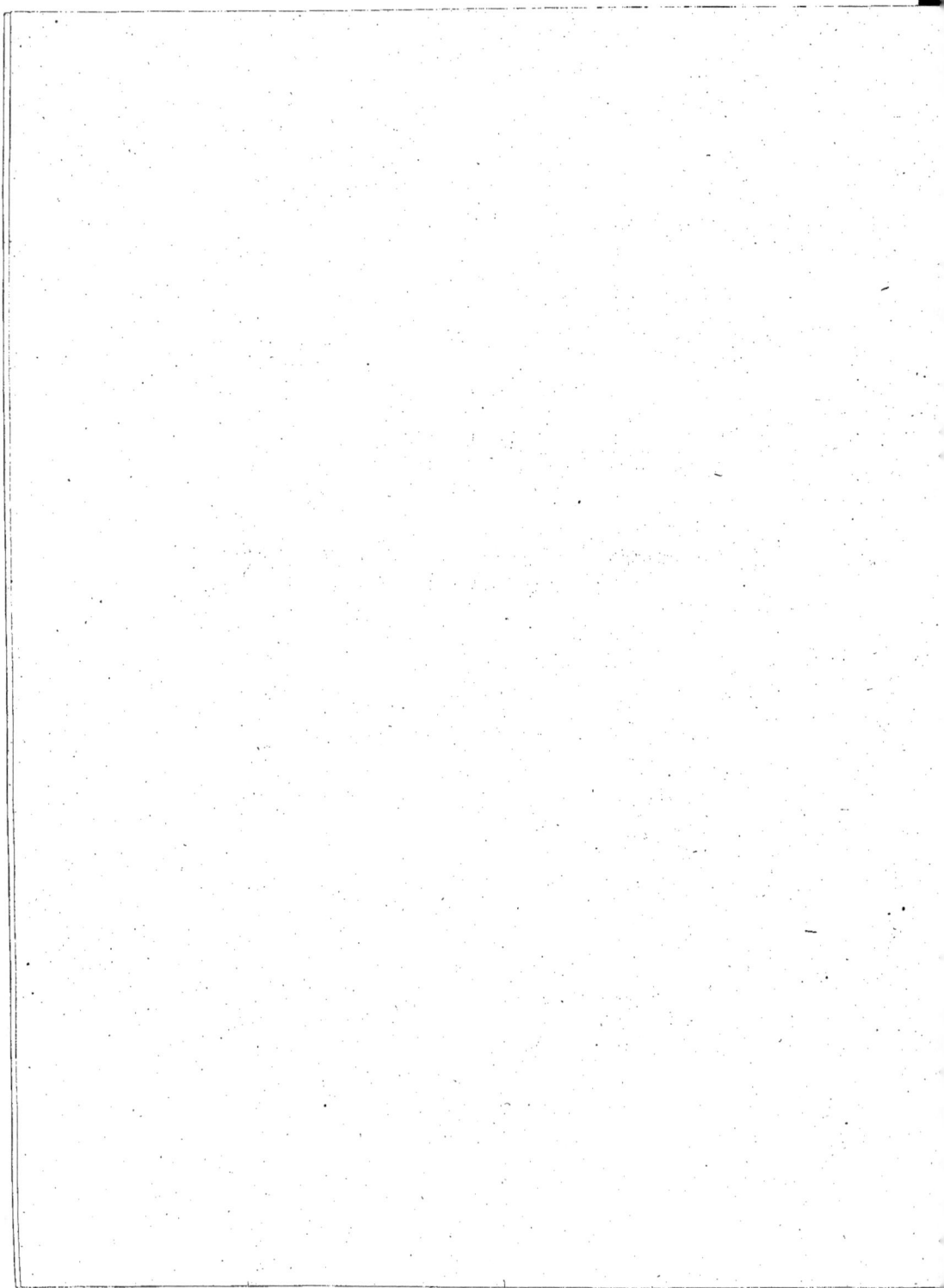

CHAPITRE IER

CONSIDÉRATIONS GÉNÉRALES. — UTILITÉ DU PROJET AU POINT DE VUE ÉCONOMIQUE
ET POLITIQUE. — TRAFIC ET PROFIL DU CANAL.

Deux ordres de considérations doivent être invoqués en faveur du projet que nous présentons.

Les unes sont de l'ordre économique, se formulent en chiffres et en prix de transport, et intéressent essentiellement le marché de Paris, tel qu'il est aujourd'hui constitué. Les autres sont d'un ordre plus élevé et se rattachent à l'avenir de notre marine marchande et militaire et à la prépondérance de notre pays dans le monde; ces dernières considérations, pour être moins positives, peut-être, que les précédentes, n'en sont pas moins importantes. Nous commencerons cependant par les premières, car elles ne laissent rien à l'incertitude et à l'hypothèse, et sont de nature à apporter à l'œuvre que nous poursuivons l'assentiment des esprits même les plus prévenus.

Bien que Paris soit déjà réuni à la mer par plusieurs chemins de fer, par la navigation de la Seine et tout un réseau de canaux à section réduite, ces communications diverses laissent cependant beaucoup à désirer, pour satisfaire aux besoins de la capitale.

Insuffisance des moyens actuels de circulation entre Paris et la mer.

Les matières pondéreuses, telles que la houille, les céréales, les matériaux de construction, les vins ne peuvent atteindre Paris que grevées de frais de circulation encore trop forts, malgré les grandes réductions que les chemins de fer ont réalisées dans leurs tarifs depuis quelques années. C'est ainsi que les houilles anglaises ont à supporter, pour atteindre Paris, non-seulement des frais de transbordements, des déchets, mais encore des tarifs qui ne peuvent descendre, sur le chemin de fer, au-dessous de 3 *centimes par tonne et par kilomètre;* on ne peut espérer que ce tarif, déjà si réduit, puisse s'abaisser beaucoup dans l'avenir, d'autant plus que tout chemin de fer et surtout ceux qui aboutissent à Paris, ne sont point des instruments de circulation simples, mais toujours subordonnés pour le service de la marchandise aux exigences du transport des voyageurs. *Cela est si vrai que la ligne de Paris à Dieppe, par Rouen, dont la longueur atteint à peine 200 kilomètres, exige cependant un délai d'au moins cinq jours pour livrer la marchandise entre ces deux villes.*

Le transport de la tonne de houille coûte encore 7 fr. entre Dieppe et Batignolles, sans compter les transbordements et les déchets.

Insuffisance de la Seine et du touage.

La Seine, qu'on s'efforce d'améliorer, est impuissante à constituer un meilleur instrument de circulation, et lutte avec désavantage contre les chemins de fer. Dans ces temps derniers, on a essayé d'y organiser un système de touage à la vapeur, présenté par les partisans du *statu quo,* comme le dernier terme du progrès, mais qui est aussi impuissant que le rail à créer, entre Paris et la mer, un moyen de circulation spécial pour les marchandises pondéreuses suffisamment simple, économique et capable de satisfaire à tous les besoins impérieux de la situation actuelle.

Entreprise du touage de Paris à la mer. — Ses prix.

Voici en quoi consiste ce touage :

1º De Paris à Conflans on compte. . . . . . .   72 kilom.
2º De Conflans à la mer   296

Total . . . .   368 kilom.

Mais la nouvelle compagnie a dû renoncer à organiser le touage sur toute cette étendue de 296 kilomètres qui lui est concédé. La Seine maritime ne permettant pas *d'établir le touage en aval de Caudebec,* ce système de traction s'arrête au *Trait,* où il vient se relier avec un service de remorqueur ordinaire, desservant la ligne comprise entre le *Trait* et la mer, de telle sorte que le touage fonctionne seulement sur . . . .   228 kilom.
Et le remorquage sur   68

Total égal . . . .   296 kilom.

Tous les dangers, toutes les difficultés, toutes les incertitudes de la navigation de la Seine maritime restent donc ce qu'ils ont été jusqu'à ce jour.

Les droits fixés pour la traction, par le cahier des charges de la compagnie, sont :

1° Sur la Seine maritime, entre Rouen et la mer . . . . . .
- Remonte 2 fr. 10 par tonne.
- Descente 1 . 05 —
- Moyenne 1 57 —

2° Sur la Seine, entre Rouen et Conflans . . . .
- Remonte 1 fr. 70 par tonne.
- Descente 0 68 —
- Moyenne 1 20 —

Total en remonte de la mer à Conflans. . . . . 3 fr. 80
Total en descente de Conflans à la mer. 1 73
Moyenne générale 2 76

Soit à très-peu près un centime par tonne et par kilomètre.

Mais on se tromperait en prenant pour le prix moyen réel du transport de Paris à la mer par le touage ce chiffre de 2 fr. 76 c. par tonne; il convient en effet d'y ajouter :

1° La traction de Conflans à Paris ;

2° Le déchargement à la mer du navire sur les chalands ou bateaux de la Compagnie,

3° L'assurance pour la traversée de la Seine maritime;

4° Les droits de navigation, etc.

Ces divers frais font revenir les transports de la tonne au moins de 8 à 10 fr.

En ce qui concerne les canaux dits du Nord, qui aboutissent à Paris, et dont la ligne la plus fréquentée est constituée, comme on sait, par la Seine, de Paris à Conflans, l'Oise canalisée, le canal latéral à l'Oise, les canaux de Saint-Quentin, de la Sambre à l'Oise, de la Somme, etc., les faits ne sont malheureusement pas plus satisfaisants.

Insuffisance des canaux actuels.

De Mons à Paris, les frais de transport pour un bateau chargé de 200 tonnes de houille ne sont pas moindres de 1,900 à 2,000 fr., y compris le retour à vide, en frais généraux, droits de navigation et frais de traction, ce qui fait revenir le fret de 9 à 10 fr. par tonne.

Dans la même direction, le prix d'abonnement par le chemin de fer du Nord est de 10 fr. 80 c. pour un parcours de 308 kilomètres (1).

De Charleroi à Paris, par les Sambres belge et française et le canal de Saint-Quentin, les frais de transport, pour un parcours de 360 kilomètres et un bateau chargé de 200 kilog. de houille, s'élèvent au moins de 2,000 à 2,300 fr., soit de 10 à 12 fr. par tonne.

Ici encore la navigation lutte avec grand désavantage contre le chemin de fer.

Si l'état des choses n'est pas changé, ruine inévitable de la batellerie, monopole des chemins de fer.

Mais on peut prédire à coup sûr que si les moyens actuels de circulation restent ce qu'ils sont, la navigation n'existera bientôt plus, et qu'on aboutira, au profit exclusif des chemins de fer, à un monopole désastreux pour le public (2).

En effet, avec ses moyens bornés, ses transbordements, son faible tirant d'eau, ses lenteurs, comment la navigation, abandonnée dans la routine des anciens canaux, où les obstacles naturels que la Seine présentera toujours, pourrait-elle lutter contre le chemin de fer, perfectionnant sans cesse ses moyens d'action à l'aide des capitaux puissants dont il dispose?

De Mons à Paris, la ligne nouvelle et directe du railway ne présente que 266 kilomètres au lieu de 350 kilomètres, longueur de la ligne navigable actuelle.

(1) La Compagnie du Nord propose aujourd'hui un tarif unique et général à 7 fr. 80 c. pour les transports des houilles à Paris, depuis la frontière et le littoral, que les charbons soient de provenance belge, anglaise ou française. On objecte que ce tarif est entièrement à l'avantage des transports de l'Angleterre et de la Belgique, qui ont de plus grandes distances à parcourir. Ainsi, les houilles anglaises venant de Calais avec un parcours de 326 kilomètres, les houilles de Mons venant de Quévy avec un parcours de 233 kilomètres, les houilles de Charleroi entrant par Erquelines avec un parcours de 239 kilomètres, paieraient le même prix que les produits du Pas-de-Calais partant de Lens et parcourant seulement 210 kilomètres, et que ceux des houillères du Nord sortant de la gare de Somain, avec un parcours de 228 kilomètres. Les houillères du Nord et du Pas-de-Calais, se trouvant lésées dans leurs intérêts par cette faveur accordée à la concurrence étrangère, ont adressé à cet égard des réclamations.

(2) Voici, des faits concluants extraits d'un rapport de M. Charles Dupin au Sénat (16 mai 1856). Les transports de la Seine s'élevaient :

En 1834	à 213,712 tonnes.
En 1844	à 682,494
En 1854	à 459,241

Augmentation en dix ans avant le chemin de fer . . . . 468,782 tonnes.
Diminution en dix ans depuis la mise en exploitation du chemin de fer. . . 223,253
Le port de Rouen a rétrogradé du troisième au cinquième rang.
Ces faits se sont un peu modifié il est vrai, dans ces derniers années en faveur de la Seine, mais dans une proportion bien insuffisante, (voir les chiffres cités à la page 7.)

Quelle conséquence faut-il tirer de ces faits ?

Création d'un canal maritime et direct, de Paris à Dieppe, de 190 kilomètres de longueur.

C'est qu'il manque à Paris, pour les marchandises encombrantes, un débouché économique et facile vers la mer, que les lignes navigables actuelles, même améliorées par des travaux ou des abaissements de tarifs, sont impuissantes à lui procurer ce débouché ; c'est que si les choses restent dans l'état actuel, Paris en sera bientôt réduit aux seuls chemins de fer.

Profondément convaincus qu'il y a là un besoin impérieux à satisfaire, un dangereux monopole à éviter, nous venons proposer un moyen nouveau, radical et hardi, c'est de creuser entre Paris et la mer, par Dieppe, un canal maritime dont la longueur ne sera pas superieure à 190 kilomètres.

Ce canal pourra amener de la mer à Paris, sans transbordements, les matières pondéreuses pour un prix qui ne dépassera pas la moitié des prix actuels. Alors s'ouvrira pour le commerce de Paris, pour l'approvisionnement de la capitale, des horizons tout nouveaux. Paris deviendra un véritable port de mer, notre cabotage renaîtra de ses cendres et une impulsion énergique sera donnée à tous nos grands intérêts maritimes.

Nécessité économique de Paris port de mer.

Les considérations politiques qu'on peut faire valoir pour la création d'un port maritime à Paris, sont de la plus grande justesse, de la plus haute portée. La renaissance d'une idée qui a été le rêve de Louis XIV, de Napoléon 1er, du gouvernement de la Restauration, a séduit les imaginations ; nous y reviendrons tout à l'heure, mais, avant d'aborder ce côté de la question, nous tenions à prouver par des faits que *Paris port de mer* est devenu une nécessité au point de vue économique et en vue de la satisfaction légitime des intérêts actuellement engagés dans la question, sans faire appel à des frais d'imagination et à des hypothèses toujours discutables.

Ancien projet, *Paris port de mer* est encore une idée nouvelle dont la réalisation est n écessaire pour compléter les voies de communications existantes, éviter un dangereux monopole.

Arguer de l'ancienneté même du projet pour soutenir l'impossibilité de son exécution, comme le font, avec peu de bonne foi, certains représentants d'intérêts égoïstes, n'est-ce pas méconnaître la loi du progrès et les ressources de la science moderne ?

Circulation actuelle
des marchandises entre
Paris et la mer.

On sait sur quels chiffres de circulation, déjà énormes, sont engagés les intérêts actuels; nous le rappellerons ici en peu de mots.

1° Il arrive ou il part de Paris annuellement, tant par les chemins de fer que par les voies d'eau, au moins 6 millions de tonnes, en nombre rond. Ce chiffre total se décompose de la manière suivante :

Arrivages.	Par les chemins de fer.	1,960,000 tonnes.
	Par les voies d'eau	2,500,000
	Total des arrivages	4,460,000 tonnes.
Départs	Par les chemins de fer.	1,040,000
	Par les voies d'eau	500,000
	Total des départs.	1,540,000 tonnes.

Sur les 3 millions de tonnes que les chemins de fer transportent ainsi de ou à Paris, plus du tiers, soit environ 1 million de tonnes, transite par le chemin de fer de ceinture au-delà de Paris.

Ce calcul de 6 millions de tonnes se trouve corroboré par un autre calcul des articles consommés ou exportés pour la seule ville de Paris, et qui s'élève, par année, à plus de 5 millions de tonnes.

Dans ce mouvement par les voies navigables, la Seine de Paris à Conflans, l'Oise canalisée et le canal de Saint-Quentin, entrent pour la plus grosse part.

Circulation de la
Seine entre Paris et
l'Oise.

Nous voyons en effet que, pour l'exercice 1861, la quantité totale de marchandises imposées, tant à la descente qu'à la remonte, sur les 69 kilomètres qui séparent Paris de l'embouchure de l'Oise, a été de 2,065,651 tonnes, ce qui donne à la remonte de l'Oise à Paris un tonnage moyen de 1,110,507 tonnes, et, à la descente de Paris à l'Oise, 338,699 tonnes.

Circulation de la
Seine entre l'Oise et
Rouen.

Le mouvement de la basse-Seine, de l'Oise à Rouen, est beaucoup moins considérable. Sur ces 172 kilomètres, nous trouvons, pour l'année 1861, un tonnage moyen de 302,356 tonnes à la descente et de 102,098 tonnes à la remonte.

Circulation de la
Seine entre Rouen et
le Havre.

Si nous étudions ce qui se passe sur la Seine maritime, nous voyons :
Que pour l'année 1853 on évaluait, d'après les documents publiés par l'adminis-

tration des douanes, le mouvement de la navigation entre Rouen et le Havre applicable au parcours entier, à 554,029 tonnes, savoir :

1º A la remonte . . . . 360,327 tonnes.

2º A la descente 193.702

Total égal. . . . . 554,029 tonnes.

(Il faut remarquer qu'il s'agit ici d'un tonnage possible, constaté par la douane, et que, pour les navires qui font les transports entre le Havre et Rouen, l'évaluation est toujours inférieure d'un tiers environ au tonnage effectif.)

Le tonnage réel pouvait donc être porté, à cette époque, à près de 700,000 tonnes.

Voici de quelle manière ce tonnage total de 554,029 tonnes se répartissait entre les divers ports entre Rouen et la mer :

DÉSIGNATION DES PORTS.	DISTANCE de la mer.	DESCENTE.	REMONTE.	TOTAL.	OBSERVATIONS.
	kil'om.	Tonnes.	Tonnes.	Tonnes.	Tonnage moyen de 554,029 tonneaux, obtenu en multipliant le tonnage de chacun de ces ports par les distances partielles.
Rouen	126	176,305	352,859	529,164	
Le Croissic.	120	8,577	241	8,818	
La Bouille.	108	3,194	450	3,644	
Duclair.	89	1,508	31	1,539	
La Mailleraye	82	3,862	629	4,491	
Caudebec	69	1,561	4,786	6,347	
Quillebœuf.	24	2,433	2,049	4,482	
Pont-Audemer	22	4,286	10,458	14,744	
Honfleur	20	4,113	8,963	13,076	

Il résulte des faits économiques que nous venons de citer :

Conséquences des faits de circulation indiqués ci-dessus.

1º Que sur les 3 millions de tonnes qui arrivent ou qui partent annuellement de Paris par les voies d'eau, la Seine de Paris à Conflans et l'Oise canalisée, entrent pour la plus forte part, puisque le mouvement moyen de Paris à l'Oise, tant à la descente qu'à la remonte, est de. . . . . . . 1,749,206 tonnes.

2º Que le mouvement de l'Oise canalisée a été, en 1858, de 1,761,289 tonnes, et en 1861 de . . . . 1,755,156.

Sur le canal latéral à l'Oise, en 1858, de 1,433,127 tonnes, et en 1861 de . . . . 1,656,961 tonnes.

Sur le canal de Saint-Quentin, de 2,571,669 tonnes en 1858, et en 1861 de 1,961,410

Sur le canal de Mons à Condé, de 1,727,997 en 1858.

Sur le canal du bassin de l'Aa, de 1,551,145 en 1858.

Il n'est pas étonnant que la Seine, de Paris à l'Oise et l'Oise canalisée, soit la voie la plus fréquentée, puisqu'il suffit de jeter les yeux sur la carte pour se convaincre que l'Oise canalisée est à la fois le carrefour où viennent aboutir l'ensemble des canaux du Nord rayonnant sur Paris.

Economie présentée par le canal maritime de l'Oise à Paris. Le canal maritime que nous proposons de créer de Paris à Dieppe, par Creil et Beauvais, absorbera ces immenses mouvements de marchandises, et aura l'avantage, pour le commerce, de constituer, entre Creil et Paris, une voie d'eau beaucoup plus courte et plus économique que la voie actuelle.

De Creil à l'embouchure de l'Oise, on compte . . . . . . 60 kil.
Et de l'embouchure de l'Oise à Paris 69

Total de Creil à Paris . . . . 129 kil.

Par le canal maritime, la distance de Creil à Paris ne sera plus que de. . . . . 56 kilomètres.
Différence en faveur du canal. . . . . 73 —

Dans l'état actuel des choses, les frais, entre Creil et Paris, pour un bateau chargé de 200 tonnes de houille, sont au moins de 2 à 3 fr. par tonne.
Par le canal, le parcours n'étant que de 56 kilomètres, et le tarif applicable à la houille, de 2 centimes par tonne et par kilomètre, le prix de transport sera de 1 fr. 12, soit moins de moitié du prix actuel.

Il résulte de là que le canal maritime absorbera inévitablement, entre Creil et Paris, le mouvement actuel de circulation qui a lieu sur l'Oise canalisée et la Seine, de Paris à Conflans.

Tonnage moyen du canal maritime de l'Oise à Paris.

Cette réduction de prix aura pour effet d'augmenter le tonnage, et nous croirions être très-modestes, en admettant que le trafic du canal, entre Paris et l'Oise, sera, dès les premières années, d'au moins 3 millions de tonnes, tant à la descente qu'à la remonte. Mais nous ne tiendrons pas compte, pour le moment, de cette augmentation, et nous ne portons dans nos calculs de trafic que 2 millions de tonnes provenant de la navigation intérieure, et qui ne peuvent pas nous échapper, entre l'Oise et Paris.

Par le chemin de fer de l'Ouest, le prix moyen du transport de la tonne, de Paris à Dieppe, sur une distance de 198 kilomètres, en tarifs généraux, est de 23 fr. 76 c. par tonne, et en tarifs spéciaux de 10 fr. 50 c. ; d'où résulte une moyenne générale de 17 fr. 13 c. par tonne, pour toute la distance, soit par tonne et par kilomètre de 8 centimes environ.

Economie annuelle que le canal maritime procurera au commerce.

La prochaine exécution du chemin de fer direct de Paris à Dieppe, par Gisors, aura, il est vrai, pour effet de diminuer ces prix, mais dans une proportion encore insuffisante.

D'après les tarifs que nous proposons pour le canal maritime de Paris à Dieppe, le prix moyen du transport de la tonne, la traction étant opérée par les soins de la compagnie concessionnaire, ne dépasserait pas 6 fr. sans transbordements.

L'exécution du canal maritime ferait donc gagner au commerce une somme annuelle de plus de 27 millions de francs, en se basant sur la moyenne générale des tarifs généraux et spéciaux du chemin de fer de l'Ouest, et sur un tonnage moyen de 2 millions et demi de tonnes. La comparaison faite sur les tarifs spéciaux de ce chemin donnerait encore un bénéfice annuel de plus de 11 millions de francs.

Telle est l'utilité immédiate, incontestable, du nouvel instrument de transport spécial que nous proposons pour les matières pondéreuses, en ne se basant que sur les faits actuels, en n'appelant à son aide que les raisons les plus vulgaires. Nous avons voulu, à dessein, débuter par ce côté de la question, pour éviter tout reproche d'exagération, car nous avons à lutter contre bien des préventions injustes.

Mais aux esprits nos prévenus, à ceux habitués à traiter les questions d'un peu haut, à ne pas considérer seulement les faits actuels, la création d'un port maritime à Paris se justifie plus clairement encore par d'autres raisons d'intérêt général que nous allons aborder :

« Il semble », disait le cardinal de Richelieu dans son testament politique, « que « la nature ait voulu offrir l'empire des mers à la France, par l'avantageuse situation « de ses deux mers, océane et méditerranée, également pourvues d'excellents ports. »

Infériorité de notre marine marchande, ses principales causes. Combien nous sommes éloignés d'exercer cet empire rêvé par le grand cardinal! Notre commerce maritime augmente sans doute, en vertu de cette loi du progrès, qui est si générale aujourd'hui; mais la part du pavillon étranger reste toujours beaucoup plus considérable que celle du pavillon national (1); notre marine manque de fret au départ, de ce fret, que l'Angleterre trouve toujours prêt sur le carreau de ses usines de houille, ou dans ses usines métallurgiques ou céramiques. L'inscription maritime avec ses abus qui rappellent un autre âge, l'influence qu'exerce sur le travail des chantiers la servitude du régime des classes, la cherté qui en résulte pour nos constructions navales (2), ont été jusqu'ici des causes d'infériorité pour notre marine, qu'il importe de combattre par d'énergiques moyens.

Avec 40 millions de population et une étendue de 800 lieues de côtes, la France ne peut lever plus de 140 ou 150,000 matelots, tandis que l'Angleterre pourrait en trouver 7 à 800,000. Il ne suffit pas, pour avoir une marine puissante. de posséder quelques navires d'une supériorité réelle, et c'est une erreur de croire que la découverte de la vapeur ait nivelé les forces navales. Pour avoir une forte marine

---

(1) Tandis que notre commerce maritime, dans la période décennale de 1847 à 1856, augmente de 49 pour 100 par rapport à la période décennale correspondante, cette progression continue à profiter relativement plus au pavillon étranger qu'au nôtre; car ce dernier, qui était de 351 millions pour la moyenne période décennale de 1827 à 1836, s'est élevé à 484 millions pendant la période de 1837 à 1846, et à 738 millions pendant la période de 1847 à 1856; mais, malheureusement, les chiffres représentatifs des transports effectués par les navires étrangers sont toujours plus considérables; ils ont été

1° De 1827 à 1836, de. . . 436 millions.
2° De 1837 à 1846, de. . . 812
3° De 1847 à 1856, de. . . 1,224

(2) Les journées des charpentiers, calfats et gréeurs, qui sont de 7 r. 50 c. à Marseille, ne sont que de 4 fr. en Italie, de 5 fr. en Espagne, etc.

militaire, il faut posséder une forte marine marchande, dont l'élément principal est le cabotage.

La création d'un port à Paris aurait pour effet de faire revivre l'esprit maritime, de relever ce cabotage qui va déclinant tous les jours, par la redoutable concurrence des chemins de fer.

L'expérience a prouvé que tous les moyens artificiels pour relever notre marine marchande ont été impuissants.

La servitude des classes a fait abandonner la mer, malgré les charmes qu'elle offre, malgré les moyens d'existence et les bénéfices que pourrait créer sa libre exploitation ; toutes ces combinaisons factices de primes, de protections douanières, de pavillons réservés, n'ont fait qu'endormir notre marine marchande dans une fausse sécurité. C'est l'esprit maritime qu'il aurait fallu relever, et toutes ces choses n'ont abouti qu'à le tuer.

Paris *port de mer* est devenu la conséquence inévitable de l'esprit nouveau qui prévaut, à l'heure qu'il est, dans les conseils du gouvernement. Les récents traités de commerce qui ont aboli ou abaissé les droits sur les matières premières, l'abandon annoncé comme prochain de l'inscription, annoncent bien qu'il faut chercher ailleurs la renaissance de notre esprit maritime. On l'a dit avec raison : « Il est nécessaire, pour que nous puissions lutter avec l'Angleterre, que nos enfants apprennent tout jeunes ce que c'est qu'un vaisseau, qu'ils se familiarisent avec la marine, qu'ils prennent goût aux entreprises qu'elle suggère. C'est une affaire d'éducation. Bien que nous ayons une vaste étendue de côtes, de magnifiques ports, tout cela reste jusqu'à un certain point stérile, parce qu'il manque à notre capitale une sorte de sixième sens : elle ne connaît pas, ne comprend pas, ne voit pas la marine. » Depuis Louis XIV et Napoléon, une foule d'hommes supérieurs ont pensé que, si l'on pouvait amener à Paris des navires marchands et des navires de guerre, cette intelligence de la France comprendrait enfin la marine, et alors une foule d'activités particulières se jeteraient de ce côté.

Tous les pays qui ont eu une marine puissante avaient leur capitale port de mer (1).

(1) Si l'on veut que la France devienne en réalité une grande nation maritime, il est indispensable que sa capitale, comme celle de l'Angleterre, participe elle-même directement à la vie nautique. — Paris

Du jour où les armements maritimes se traiteront à Paris de première main, on y verra s'établir une foule de riches maisons d'armateurs, qui vont actuellement se fixer à Londres, à Hambourg ou à Amsterdam; elles viendront plus volontiers à Paris, où la vie est plus facile et plus agréable. Londres possède maintenant plusieurs armateurs grecs qui monopolisent, en quelque sorte, tout le commerce des grains de la mer Noire; pourquoi de telles maisons ne se fixeraient-elles pas à l'avenir parmi nous, en nous apportant leurs capitaux, leur esprit d'entreprise, leur génie commercial? Placée à l'avant-garde du continent européen, assise sur trois mers, dotée par la nature de magnifiques voies fluviales, la France, mieux qu'aucun autre pays, n'est-elle pas géographiquement constituée pour ce grand commerce extérieur, pour de vastes opérations de transit et d'entrepôt?

Paris absorbe et donne de plus en plus l'impulsion à toutes les forces vives de la France. C'est un fait qu'on peut peut-être regretter, en se plaçant à certains points de vue, mais qu'il serait inutile de méconnaître ou de combattre.

Paris est le grand débouché de la France, et la province ne semble occupée qu'à lui fournir les hommes, les denrées, les produits manufacturés, les matières premières.

C'est surtout depuis 1848 que cette tendance s'est manifestée d'une manière invincible. Les progrès des idées de centralisation, les institutions politiques et commerciales, tout y a contribué.

Une volonté forte et unique gouverne, de Paris, la France politique, une banque puissante et unique gouverne, de Paris, la France financière, un réseau de chemins de fer, ayant pour centre unique Paris, gouverne pour ainsi dire la France

est le centre d'un mouvement commercial et industriel puissant; Paris est le point d'agglomération des capitaux du pays et de ceux d'une partie de l'Europe.

Pour que ces capitaux se portent vers les opérations commerciales d'outre-mer, il est nécessaire que les capitalistes aient sous leurs yeux le spectacle des grands armements. Il faut en un mot créer, à côté de la métropole actuelle, un Paris maritime.

L'emplacement de ce nouveau port est naturellement indiqué dans le grand fer à cheval que décrit la Seine autour de la vaste plaine de Genevilliers, depuis Clichy jusqu'à Argenteuil, arc dont Saint-Denis occupe le centre. C'est là que la nature a tout préparé, et qu'il reste peu à faire au travail de l'homme pour asseoir la capitale maritime, dont l'idée couve, depuis plus de cent ans, dans les esprits, sous le nom magique de PARIS PORT. (Journal la *Patrie*.)

industrielle, les réseaux de chemins de fer transversaux n'ont pu réussir; tout chemin veut être telle ligne, c'est–à–dire partir de Paris.

Ce n'est que lorsque Paris sera *port de mer* que la France pourra devenir sérieusement une nation maritime. Si une telle centralisation a ses inconvénients, elle a aussi de bien grands avantages. Sans Paris, sans son immense importance dans le monde, que deviendrait la France? D'ailleurs, comment s'y opposer? N'est-ce pas là un fait fatal, inévitable, et qu'il est plus sage d'accepter et de réglementer que de combattre inutilement ?

Dans la situation actuelle des choses, on compte que le tonnage total des marchandises, autres que la houille, *importées* en 1862, dans les divers ports de France, s'élève à 3 millions de tonnes environ, qui se répartissent de la manière suivante : Tonnage total de notre commerce maritime.

Marseille.	1,025.861 tonnes.
Le Havre.	495,570
Bordeaux.	365,620
Nantes	134,960
Total.	2,022,011 tonnes.
Autres ports.	1,019,449
Total général.	3,041,450 tonnes.

On voit que Marseille représente, à lui seul, la moitié du poids des marchandises entrées par les quatre premiers ports et le tiers de l'importation par l'ensemble des ports français (1).

On peut voir dans les états de douane le relevé total de notre commerce maritime, pour les années 1861, 1860 et 1859.

Si nous prenons l'année 1861, nous voyons qu'il est entré dans tous les ports de France. . . . . 30,047 navires,

jaugeant près de 5 millions de tonnes, soit. 4,934,624

Qu'il est sorti de tous nos ports. . . . . 17,229 navires,

jaugeant. . . . . 2,680,419 tonnes.

---

(1) Sur le million de tonnes entrées à Marseille, plus des trois quarts s'appliquent à des marchandises affranchies de droits de douane par les dernières lois; les graines y figurent pour 367,838 tonnes. En 1861, cette importation des graines, à Marseille, s'était élevée à 437,000 tonnes pendant dix ans, de 1837 à 1862, l'importation moyenne s'est élevée à 320,000 tonnes.

Ainsi, notre commerce maritime s'exerce, y compris la houille, sur un tonnage total, tant à l'entrée qu'à la sortie, de 7,615,043 tonnes, portées par 47,246 navires d'un tonnage moyen qui atteint à peine 170 tonnes.

Ce mouvement ne comprend pas le cabotage, mais seulement la navigation de la France avec l'étranger, les colonies et la grande pêche.

On sait que nos importations portent principalement, comme poids, sur la houille, les céréales, le fer et la fonte, le coton, le sucre, le café et les laines, tandis que nos exportations, à part nos vins, nos eaux-de-vie ou les produits de notre mouture, ne comprennent guère que des articles de valeur, tels que soieries, bronzes, draps fins et batistes. La nature de ce commerce explique le poids beaucoup plus considérable à l'arrivée qu'au départ. Ce défaut de fret, assuré au départ, a été aussi jusqu'ici une des grandes causes d'infériorité de notre marine marchande, parce qu'il enlève à ses opérations une grande partie de sa sécurité.

Comme valeur en francs, notre commerce en 1861, dont nous venons de donner le tonnage, représente :

A l'importation. . . . . 2,442,000,000 fr.
A l'exportation. 1,926,000,000

TOTAL . . . . 4,368.000,000 fr.

L'année dernière (1862) l'importation et l'exportation réunies s'exercent sur une valeur totale de 4,316 millions. Commerce spécial (valeurs actuelles), on voit que ce chiffre diffère peu, comme valeur, de celui de 1861.

Part que prendra le port de Paris dans notre commerce maritime.

Quelle part le port de Paris est-il destiné à prendre dans ce mouvement maritime? C'est sans doute là une question difficile à éclaircir et qu'on ne peut juger que par sentiment; mais qui se refusera à croire que cette part sera très-considérable?

Paris, transformé en port de mer, donnera infailliblement à notre commerce maritime une grande impulsion, et on peut admettre, avec quelque fondement, que la part que Paris prendra dans le mouvement total, sera proportionnelle à celle que possèdent aujourd'hui les ports réunis du Havre, de Honfleur, de Dieppe, de Dunkerque, de Boulogne et de Calais ; or, nous voyons que la part de ces divers ports, dans le mouvement de l'importation, a été :

A l'importation { Nombre des navires. . . 10,820, contre 30,017 soit 1[3.
Tonnage. . . . . 2,087,731, contre 4,934,624 soit 42 p. °[o. (1).

Trouvera-t-on que c'est faire une hypothèse exagérée de supposer que le port de Paris, une fois créé avec toutes ses facilités de débouchés, d'armements, de docks, de manutentions économiques, de départs ou d'arrivages directs, sur le lieu de la production ou de la consommation principale, recevra, dès les premières années à l'importation, 1 million de tonnes, c'est-à-dire la moitié seulement de ce que reçoivent aujourd'hui l'ensemble des six ports principaux de la Manche, et un tonnage inférieur à celui de Marseille? Certes, si une telle hypothèse est exagérée, c'est plutôt en moins qu'en plus.

Part que prendra le port de Paris dans l'importation.

Nous pouvons admettre que ce million de tonnes, que recevra le port de Paris, de l'étranger, des colonies ou des grandes pêches, s'effectuera à l'aide de 5,000 navires d'un tonnage moyen de 200 tonneaux, ce qui représenterait un mouvement d'arrivée journalier de 15 navires environ.

Si, pour évaluer l'exportation du port de Paris, nous avons recours au même moyen d'investigation, nous verrons qu'il n'est pas possible d'apprécier cette exportation au-dessous de 500,000 tonnes et à 3,000 navires, d'un tonnage moyen de 170 tonnes, soit un départ moyen de 9 navires par jour environ.

Part du port de Paris dans l'exportation.

Sans doute ces hypothèses sont au-dessous de la réalité, mais nous devons nous

(1) Voici le détail par port :

	En 1861 NAVIRES	En 1861 TONNAGES
Le Havre.	2963	969,414
Rouen	1003	125,086
Dunkerque	2276	283,287
Boulogne	1672	251,753
Calais	1497	217,276
Dieppe	1409	240,465
Total.	10.820	2,087,281

y arrêter pour le moment parcequ'elles concordent avec le caractère général de notre commerce et de notre mouvement maritime.

Mouvement du port de Paris dérivant du cabotage.

Jusqu'ici nous n'avons calculé dans le mouvement futur du port de Paris, que la part provenant de la navigation intérieure et de la navigation au long-cours. Il convient d'apprécier maintenant quelle part reviendra à ce port dans le commerce de cabotage, et, pour cela, il est nécessaire de se rendre compte de l'état actuel de cette industrie.

État actuel de notre cabotage.

Autrefois nous possédions un cabotage qui, sans être à la hauteur de la puissance du pays, offrait cependant quelques chiffres satisfaisants ; mais les chemins de fer, par leurs tarifs différentiels, ont porté depuis des coups mortels à une industrie, qui est cependant la base de notre marine marchande, cette décroissance, déjà si fâcheuse, aurait été bien plus considérable encore, s'il n'y avait eu accroissement dans le mouvement des ports qui ne sont reliés par aucune ligne de chemin de fer.

Le commerce maritime a fait de grands efforts pour triompher de la cause de ruine qui le menace ; on a établi notamment des caboteurs à vapeur qui ont accru, dans une certaine mesure, la rapidité des services (1).

La création d'un grand port maritime, à Paris, peut seule rendre la vie au cabotage et lui permettre de lutter avec avantage contre les voies ferrées.

Du jour où il n'en coûtera presque pas plus pour fréter un navire de Bordeaux ou de Nantes pour Paris que pour le Havre, le commerce gagnera dans cette combinaison nouvelle la plus grande partie des frais de transport, payés sur les lignes de fer de Paris à la mer, et le cabotage trouvera là un élément forcé.

Avant l'établissement des chemins de fer, une partie de ce que le Midi envoyait au Nord et réciproquement, suivait les lignes de cabotage de Rouen et du Havre à Bordeaux et à Marseille. Aujourd'hui, les deux chemins de fer qui partent de Marseille et de Bordeaux pour aboutir à Paris, ont absorbé tous ces transports, dont une partie doit renaître au profit du port de Paris.

Mouvement actuel du cabotage.

Le mouvement général des marchandises et denrées de toute nature, expédiées

(1) Il y a tout lieu de craindre, cependant, que ces efforts ne soient fait en pure perte, si la douane ne consent à laisser le cabotage faire ses transports, ses chargements et ses déchargements avec la même liberté que la batellerie, le roulage et les chemins de fer.

par cabotage soit dans la même mer, soit d'une mer à l'autre, pendant l'année 1856, s'est élevé à **2,432,813** tonnes. *Ce chiffre est inférieur au mouvement constaté en 1847, car il s'élevait à cette époque à 2,627,450 tonnes.*

Pendant que le cabotage déclinait ainsi, malgré le mouvement de progrès imprimé à toutes nos branches d'industrie, le commerce général de la France, tant à l'intérieur qu'à l'extérieur, *augmentait de 76 %*, la réduction que ce seul cabotage nous offre ne témoigne-t-il pas d'une vive souffrance?

Il y a en France douze ports qui absorbent plus de la moitié des transports effectués par le cabotage; ce sont : Marseille, le Havre, Nantes, Bordeaux, Rouen, Arles, Honfleur, Charente, Dunkerque, Cette, Libourne et Ologne.

Si on étudie le mouvement des cinq premiers, qui tous sont tête de longues lignes de fer, on trouve pour les moyennes quinquennales de 1844 à 1848 et de 1851 à 1855 :

PREMIÈRE PÉRIODE (1844-1848).				SECONDE PÉRIODE (1851-1855).			
PORTS	EXPÉDITIONS.	RÉCEPTIONS.	TOTAL.	PORTS	EXPÉDITIONS.	RÉCEPTIONS.	TOTAL.
Havre	157,290	160,835	318,125	Havre	163,957	157,626	321,583
Rouen	120,649	333,512	454,161	Rouen........	115,665	281,798	397,463
Bordeaux	215,745	144,498	360,243	Bordeaux	196,335	192,876	389,211
Marseille......	242,927	233,596	476,523	Marseille......	226,730	216,090	442,820
Nantes........	139,014	107,987	247,001	Nantes..... ..	110,666	117,650	228,316

Il résulte du tableau qui précède, qu'il n'est pas possible d'apprécier à moins de 500,000 tonnes par année, le mouvement de cabotage du port de Paris; soit environ les 70 % du cabotage total qui s'effectuait pendant la seconde période quinquennale, dans les deux ports du Havre et de Rouen.

En resumé, on doit évaluer à 4 millions de tonnes, au moins, le tonnage du port de Paris, provenant de ces trois grandes sources : 1° la navigation intérieure ; 2° le commerce extérieur; 3° le cabotage.

Récapitulation du tonnage minimum du port de Paris.

Dans ce total, la navigation intérieure s'élèvera au moins à 2 millions de tonnes, et parcourra surtout la portion du canal maritime située entre l'Oise et Paris. Ce sera la centralisation, dans çe port, d'une partie des arrivages des divers ports actuels (1).

La navigation de long cours s'élèvera, au moins, à 1,500,000 tonnes, dont 1 million de tonnes à l'importation et 500 mille tonnes à l'exportation, ce tonnage parcourant toute la longueur du canal.

Le cabotage, enfin, à 500,000 tonnes, dont la moitié à l'entrée et l'autre moitié à la sortie.

En estimant ainsi à 4 millions de tonnes le tonnage du port de Paris, dès les premières années de son ouverture, dont 2 millions de tonnes provenant de la navigation intérieure, et les deux autres millions de la marine au long cours ou du cabotage,

(1) On sait que tous les arrivages qui ont lieu par eau, à Paris, se répartissent aujourd'hui entre les ports suivants, qui sont disséminés sur les bords de la Seine ou de la Marne :

Ports de Bercy, la Gare, la Râpée, de l'Hôpital, Saint-Bernard, des Miriamones, de Louviers, Saint-Paul, des Ormes, de la Grève, de Saint-Nicolas, des Saints-Pères, d'Orsay, du Recueillage, des Invalides, des Champs-Élysées, de Passy, de Grenelle, de Sèvres, de la Villette, du canal Saint-Martin, de Choisy-le-Roi, de Port-à-l'Anglais, de la Briche, Saint-Ouen, Clichy, Neuilly, Charenton, Carrières et de la Marne.

En 1853, il se débarquait par année, sur l'ensemble de ces ports,   2,192,886 tonnes,
Qui se partagent de la manière suivante, suivant leur provenance :

Oise	894,903 tonnes
Basse-Seine	287,088
Haute-Seine	398,484
Yonne	280,823
Marne	131,549
Ourcq	200,039
Total égal	2,192,886 tonnes.

Dans ce total, voici dans quelle proportion entraient les marchandises d'après leur nature (en 1853) :

La houille entrait pour	618,878 tonnes
Les matériaux	476,765
Le bois à brûler	293,815
Le bois à œuvrer	283,444
Les vins	132,301
Les métaux	68,613
Charbon de bois	53,635
Blés et farines	48,405
Avoine	24,071
Sucre	13,460
Coke et tourbe	11,651
Cotons	11,557
Comestibles divers	10,857

nous sommes sans aucun doute au-dessous de la réalité. Pour rendre cette vérité plus évidente encore, il est indispensable de rappeler un certain nombre de faits.

Le canal maritime se trouvera placé entre quatre grands courants commerciaux depuis longtemps établis et organisés : 1° le chemin de fer du Nord; 2° le chemin de fer de l'Ouest; 3° les canaux du Nord; 4° la navigation de la Seine

Quatre grands centres de production et de consommation seront placés à ses extrémités ou dans son voisinage : Paris, Londres, le Havre et Rouen.

Sans détruire les courants commerciaux actuels, le canal maritime est naturellement appelé à les modifier.

Réalisant les transports de marchandises à meilleur marché que toutes les voies

Huiles	8,936
Eaux-de-vie	3,785
Savons	2,802
Fourrage	2,650
Fruits verts, secs	4,683
Vinaigres, cidres	1,455
Cafés	1,600
Poissons	1,059
Œufs, beurre et fromage	699
Tabacs	994
Denrées diverses	67,478
Objets divers	49,409

Si nous recherchons la proportion des diverses natures de marchandises dans ce total de 2,192.886 tonnes, nous trouvons :

1° Que les vins, les eaux-de-vie, les vinaigres, les cidres et les huiles entrent pour environ	320 000 tonnes.
2° Les sucres, cafés, savons et denrées diverses	73,000
3° Les houilles, charbon de bois, coke, tourbe et bois à brûler	840,000
4° Bois à œuvrer	254,000
5° Les matériaux	460,000
6° Les métaux	80,000
7° Les cotons et objets divers	56,000
8° Les blés, farines, avoine et fourrage	85,000
9° Les fruits verts, secs, beurres et fromages	13,000

En 1823, ce tonnage général des arrivages des ports de Paris n'était que de 1,380,175 tonneaux, savoir :

Par la Haute-Seine et ses affluents	181,795
Par la Basse-Seine	1,198,380
Total égal	1,380,175

Ainsi de 1823 à 1853, ce tonnage total des ports de Paris avait doublé. Depuis dix ans il a dû augmenter d'environ 50 pour %.

de circulation actuellement ouvertes, *et avec une célérité au moins aussi grande*, le canal maritime doit augmenter les transports dans une grande proportion. N'est-ce pas là la loi inévitable et souveraine du bon marché? Le canal empruntera donc son trafic à chacune des grandes voies de circulation que nous nommions tout à l'heure, *en même temps qu'il créera des rapports, des courants commerciaux tout nouveaux.*

Relations directes entre Londres et Paris. Au premier rang, il faut placer les relations directes, économiques et sans transbordements, qui s'établiront entre Paris et Londres, relations devenues d'autant plus faciles et fructueuses depuis le traité de commerce avec l'Angleterre. De telle sorte qu'on peut dire, avec raison, que le canal maritime de Paris à la mer est devenu une conséquence forcée de ce traité de commerce.

Aujourd'hui, les relations pour les transports de marchandises entre Paris et Londres sont chères, longues et difficiles, qu'elles aient lieu par les voies navigables ou par les chemins de fer.

Prix actuel du transport entre Londres et Paris. Par les chemins de fer, ce qu'on nomme la *petite vitesse*, seule accessible en raison du prix, à la plupart des marchandises, exige un délai de six jours pour les *marchandises diverses*, et pas moins de huit jours pour les *grosses marchandises.*

Les prix sont les suivants, de gare en gare, sans y comprendre la taxe de consignation fixe, qui est de 2 fr. 50 cent., et qui représente le timbre de la lettre de voiture, l'enregistrement, le permis de la douane, etc.

GRANDE VITESSE	Marchandises diverses encombrantes	180 fr. par tonne.
	Id. non encombrantes	120 »» —
	Denrées dites de halle.	100 »» —
PETITE VITESSE *Marchandises diverses*	Non encombrantes première classe	62 50 —
	Id. deuxième classe. . . .	50 »» —
	Encombrantes première classe.	93 75 —
	Encombrantes deuxième classe.	75 »» —
PETITE VITESSE *Grosses marchandises*	Grosses marchandises première classe	40 »» —
	Id. deuxième classe. . . .	35 »» —
	Id. troisième classe	30 »» —
	Id. quatrième classe. . . .	25 »» —

Il résulte des chiffres précédents que le prix moyen de transport par chemin de fer, de Paris à Londres, en grande vitesse, est de 133 fr. par tonne, et que le prix moyen de transport, en petite vitesse, est de 51 fr. 40.

Deux grandes raisons, deux grandes barrières se sont opposées jusqu'ici à l'établissement d'échanges, directs et nombreux, entre Londres et Paris : 1° Les droits de douane ; 2° La difficulté et la cherté du transport. La première barrière étant levée en partie, le moment est venu de détruire aussi la seconde.

Depuis quelques années, le commerce fait de grands efforts pour établir par la Seine des communications directes, entre Paris et Londres ; mais jusqu'ici tous ces efforts ont échoué en face des innombrables difficultés qu'oppose le fleuve à son embouchure (1).

Lorsque la liberté du commerce, si heureusement inaugurée entre les deux pays, sera secondée par des relations aussi promptes qu'économiques *entre deux marchés immenses présentant une population totale de plus de 5 millions d'âmes*, qui pourra mesurer l'activité des relations qui s'établiront alors? N'y a-t-il pas là pour les deux premiers peuples du monde, placés à la tête de la civilisation, des gages nouveaux de prospérité et de paix?

Jetons un coup d'œil général sur Londres.

Obstacles existants jusqu'ici pour l'établissement de relations entre Paris et Londres.

Tentatives infructueuses par la Seine.

Londres, son commerce et son port.

(1) Parmi ces essais, on peut citer celui du bateau *Seine et Tamise.*

Ce bateau à vapeur a été construit à Paris, c'est la première construction navale entièrement terminée et armée à Paris ; il a été établi, corps et machines, par M. Cochot, pour le service de transport, entre *Londres et Paris*, (ce qui démontre bien l'utilité de cette communication directe); il appartient à MM. Gaudet frères, correspondants de la colossale maison Pickford et Cie qui embrasse dans ses relations le commerce du monde.

Ce navire a quarante mètres de longueur.

Largeur principale, six mètres. Il est appareillé de deux hélices de deux mètres, sa machine a cinquante chevaux, son tonnage est de 300 tonnes.

C'est le premier essai d'un steamer à plats varangues destiné à la mer.

Ce système paraît devoir procurer des avantages sur la forme ogivale des constructions actuelles.

Il assure au navire une stabilité plus parfaite, avec un moindre tirant d'eau, le préserve ainsi de l'effort des lames, lui permet d'utiliser d'une manière constante et régulière, l'action de la force motrice.

La seule objection qu'on ait à faire à ce système, se rapporte à l'emploi de l'hélice combiné avec la forme plate ; on a craint que dans le mouvement de tangage que fait un steamer sur l'avant, l'hélice ne se trouve chargée plus fortement, que dans les bateaux fond fixe, dont la quille trace toujours.

Les espérances qu'on avait basé sur ce service nouveau ne se sont point réalisées, et il faut encore placer cet essai parmi les échecs de la navigation de la Seine.

Londres, enrichi par un immense commerce, non-seulement est devenu le grand réservoir des capitaux où viennent puiser les gouvernements des deux mondes qui veulent emprunter, mais il garantit toutes les valeurs contre les risques de toute nature, il est le port, le point du globe d'où l'on rayonne le plus facilement sur le monde entier. Londres est encore la ville la mieux renseignée par ses relations télégraphiques.

Le mouvement de la navigation du port de Londres s'est élevé, pour l'année 1857, à 29,480 navires jaugeant 7,816,213 tonnes; c'est plus d'un tiers de toute la navigation (cabotage non compris) de la Grande-Bretagne; le mouvement journalier moyen a été, en 1857, de 81 navires tant entrés que sortis, et le jaugeage moyen de 265 tonnes; mais depuis 1857, ce tonnage s'est accru dans une forte proportion (1).

Mouvement commercial entre la France et l'Angleterre.

Voici quelle a été la part de la France dans le mouvement du port de Londres, de 1853 à 1857 :

	En 1853		En 1854		En 1855		En 1856		En 1857	
	Bâtim.ts	Tonnages	Bâtim.ts	Tonnages	Bâtim.ts	Tonnages	Bâtim.ts	Tonnages	Bâtim.ts	Tonnages
Il est entré à Londres venant de France....	1,370	179,831	1,252	181,154	1,188	182,079	1,112	184,750	1,242	216,934
Il est sorti de Londres allant en France....	1,159	174,660	1,027	177,307	1,100	179,079	1,030	168,125	1,361	206,657
Totaux.....	2,529	354,491	2,279	358,461	2,288	361,158	2,142	352,875	2,703	423,591

Ainsi, en 1857, notre commerce avec l'Angleterre occupait 2,703 navires jaugeant 423.591; mais depuis le traité de commerce, nos relations avec l'Angleterre se sont accrues dans une forte proportion; ce fait est déjà réalisé sur une échelle satisfaisante, puisque nous remarquons dans le dernier compte rendu de l'état de notre commerce extérieur :

(1) Mouvement de la navigation de la Grande-Bretagne dans les six dernières années, sans le cabotage n les navires sur lest (entrées et sorties réunies).

Années.	Navires anglais.	Nav. étrangers.	Ensemble ton.
1857............	11,624.288	7,450,291	19,074,579
1858............	11,107,297	7,645,541	18,752,838
1859............	11,613,271	7,718,903	19,332,174
1860............	12,119,454	8,718,464	20,737,918
1861............	13,149,545	8.775,438	21,924,983
1862............	14,052,111	8,350,075	22.402,186

Que L'Angleterre qui ne nous demandait, en 1861, que pour 73 millions seule--
ment de soieries, nous en a pris, en 1862, pour 100 millions.

D'un autre coté, les tissus, laines et cotons anglais prohibés jusqu'ici, figurent
en 1862, dans nos importations pour 45 millions. On remarque, en résumé, que l'ex-
cédant de nos exportations en Angleterre, sur nos importations de ce pays, se tra-
duit pour 1862 par 136 millions ; le total des marchandises importées par nous n'est
que de 465 millions, tandis que nous avons expédié pour 601 millions.

Nos relations avec l'Angleterre se résument dans le tableau qui suit (en millions de francs), ce tableau démontre dans quelle rapide proportion ce commerce a
augmenté depuis trente ans.

MOYENNE	EXPORTATION de France en Angleterre	IMPORTATION d'Angleterre en France	EXCÉDANT avant les exportations
	mill.	mill.	mill.
De 1827 à 1836.	65 03	22 02	43 01
De 1837 à 1846.	97 02	80 04	16 80
De 1847 à 1856.	279 07	127 00	152 07
De 1857 à 1861.	491 09	310 06	170 03
1862	601 00	465 00	136 00

Ainsi nos exportations et importations réunies, qui n'étaient que de 87
millions, il y a trente ans, ont plus que *décuplé* depuis cette époque, le traité de
commerce est venu donner une nouvelle impulsion à ces relations, et qui pourrait
aujourd'hui prévoir l'accroissement qui résultera de relations directes, économiques
entre Londres et Paris.

Quand, à l'aide des états de douane, on décompose les éléments du tableau ci-
dessus, on voit les plus fortes augmentations successivement porter dans les envois
de l'Angleterre en France sur les houilles, les fontes, les fers, sur les tissus de laine
et de coton, les laines et les soies.

Dans les expéditions de France en Angleterre, l'accroissement porté sur les vins
et eaux-de-vie, sur divers autres produits du sol, les peaux, la mercerie.

Nous avons vu que la part du port de Londres, dans la navigation générale de
la Grande-Bretagne, était d'un peu plus du tiers du mouvement total; en estimant le
mouvement du port de Paris pour la navigation au long cours à 1,500,000 tonnes

Proportion du mou-
vement du port de
Paris dans notre com-
merce général.

seulement, ce chiffre ne serait que le cinquième du mouvement total de notre navi- gation, qui a été en 1862 de 7,172,042 tonnes par navires chargés, savoir :

ENTRÉES :	par navires français.	1,907,897
	étrangers à la puissance.	2,159,378
	tiers.	499,398
	Total.	4,566,673
SORTIES :	par navires français.	1,445,872
	étrangers à la puissance.	1,331,412
	tiers.	228,685
	Total.	3,005,969

7,572,642

Le mouvement du port de Paris, estimé pour la grande navigation à 1,500,000 ton- nes, serait à peine le tiers du mouvement du port de Liverpool qui déjà, en 1857, présentait un mouvement de 9,531 bâtiments tant chargés que sur lest, jaugeant en- semble 4,935,880 tonnes.

Il est donc certain que notre évaluation est plutôt au-dessous qu'au-dessus de la réalité, même dès les premières années de l'ouverture du port.

Evaluation du ton- nage du canal maritime de la Seine sous la restauration.

Dans les études faites, sous la Restauration, pour l'établissement d'un canal ma- ritime de Paris au Havre, par la vallée de la Seine, études dont nous parlerons avec détail dans les chapitres suivants, on estimait, d'après les recherches les plus cons- ciencieuses, à près de 600,000 tonnes, le mouvement du canal en tonnage réduit. Or, le commerce a quadruplé depuis cette époque.

Voici en effet comment se résumaient alors les mouvements commerciaux qui avaient lieu dans le bassin de la Seine :

« Les mouvements de la navigation entre le Havre ou l'embouchure de la Seine et Rouen consistent, pour la navigation ascendante, en plus de 200,000 tonneaux, et pour la navigation descendante en plus de 45,000 tonneaux ; la navigation des points intermédiaires dépasse 80,000 tonneaux, et enfin le roulage du Havre sur Rouen est de 14,000 tonneaux ; 340,000 tonneaux de marchandises environ sont donc transpor- tés et manutentionnés entre l'embouchure de la Seine ou le Havre et Rouen.

» Les mouvements de la navigation ascendante, entre Rouen et Paris, se composent de 160,000 tonneaux au point de départ, portés à 324,000 tonneaux dans les envi- rons de Paris ; la masse totale des débarquements opérés, entre Rouen et Paris, est de plus de 360,000 tonneaux, sans compter la navigation locale, qui en transporte 40,000 ; la navigation descendante se compose de 80,000 tonneaux au point de départ, portés à 189,000 tonneaux au point d'arrivée ; la masse totale des débarquements est de plus de 260,000 tonneaux ; enfin le roulage du Havre et de Rouen sur Paris, est de près de 60,000 tonneaux ; le retour de 25 à 30,000. La masse totale des marchandises transportées par eau entre Rouen et Paris, et par terre entre le Havre, Rouen et Paris, est donc de 750,000 tonneaux ; et la masse générale pour les deux parties du parcours, entre le Havre et Paris, dépasse un million de tonneaux transportés ou manutentionnés.

» Si maintenant l'on veut avoir une expression plus exacte du mouvement commercial entre Paris et l'embouchure de la Seine, et si l'on réduit tous les mouvements partiels proportionnellement aux distances parcourues, l'on voit que les transports par eau seraient représentés par 400,000 tonneaux, parcourant toute la distance qui sépare les deux points extrêmes, savoir 235,000 en montant, et 165,000 en descendant ; le roulage se réduit pour la remonte à 55,000 tonneaux, et pour le retour à 20,000 ; ainsi la circulation est de 475,000 tonneaux parcourant toute la distance comprise entre Paris et le Havre.

» Tel est le mouvement du commerce dont Paris est le centre, et qui reçoit de lui sa principale impulsion ; l'on rappelle que tous les faits qui ont servi à le mettre au jour, sont tirés des pièces officielles déclarées conformes aux registres du Gouvernement.

» L'on a établi, dans le premier chapitre, l'imperfection et la cherté des relations commerciales du bassin de la Seine ; le second vient d'offrir toutes les preuves de la lenteur, des pertes, des dépenses de toute nature de ses moyens de transport. »

Il faut lire avec la plus grande attention les remarquables documents publiés à cette époque à l'appui du projet du canal maritime par la Seine. On y trouve une foule d'arguments économiques de la plus haute portée, qui peuvent être invoqués avec bien plus de raison encore à l'appui du projet du canal maritime de Paris à Dieppe.

Comme nous le proposons aujourd'hui, la Compagnie qui était alors en instance, liait la concession du canal maritime à celle du port et des docks. Nos conceptions, disait-elle, se fondent sur trois idées également simples :

1° L'ouverture d'un canal accessible aux navires depuis la mer jusqu'à Paris ;

2° La création de ports et notamment d'entrepôts à Paris et autres points de la vallée de la basse-Seine;

3° La concession simultanée de ce canal, de ces entrepôts et de tous leurs produits à la Compagnie exécutante, sous le régime de l'entreprise particulière.

Influence de la création du port de Paris sur les autres ports français ; rô'e et avenir du port du Havre. Toutes les raisons que cette compagnie donnait pour prouver que la création du port de Paris ne pouvait porter atteinte à la prospérité des autres ports français, et pour définir le véritable rôle du port du Havre dans l'ensemble de notre commerce maritime, sont encore aujourd'hui pleins de vérité, et nous ne pouvons mieux faire que de rappeler ici un passage remarquable d'un des mémoires publié par la compagnie : (1)

Le Canal maritime peut-il nuire aux ports de mer français ?

« Cette question n'est pas entièrement neuve ; les journaux et quelques écrits en ont essayé la discussion ; mais, il faut le dire, cette discussion a présenté, comme toutes celles que l'on n'appuie pas sur des faits positifs, quelque chose de vague et de déclamatoire ; il est facile de voir cependant que l'opinion publique réprouve aujourd'hui cette méthode de traiter des sujets graves ; c'est par des faits et des applications spéciales que l'on peut arriver à la conviction générale.

» *Londres ne nuit pas aux ports de mer de l'Angleterre,* ont dit les défenseurs du port de Paris ; cela est un exemple, mais ce n'est pas une preuve : les ports de mer répondront que leur position n'est pas la même que celle des ports de l'Angleterre, et le public, à qui les analogies ou les différences ne seront pas clairement exposées, restera dans son indécision.

» Les adversaires de l'entreprise, au contraire, ont parlé de *droits acquis* par les ports de mer, et ils ont prétendu que ce qui s'était fondé sous la garantie des lois de la nature ne pouvait être aujourd'hui dérangé par les efforts de l'art.

» Ainsi, l'on contestait à Paris le droit de s'ouvrir une communication directe avec la mer, et de se mettre dans une position semblable à celle de Bordeaux, d'Anvers, de Londres et de Hambourg. Les villes situées à l'embouchure des fleuves qui baignent ces quatre grands ports, Royan, Flessingue, Gravesend, Cuxaven, ne

(1) Du canal maritime de la Seine et de l'entrepôt de Paris. — Paris 1827.

prétendent pas, cependant, qu'une injustice leur soit faite, parce que la navigation ne s'arrête pas dans leurs murs.

» Il fut un temps où la navigation du Rhin se faisait d'états à états ; ainsi, Cologne, qui était une ville libre, recevait les produits qui remontaient ou descendaient le fleuve, les emmagasinait et les réexpédiait ensuite par d'autres bateaux. Depuis, Cologne avait cessé d'être ville libre ; mais l'usage d'un déchargement dans son port s'était conservé, et, lorsque la navigation ayant reçu quelques perfectionnements sur le Rhin, les villes de Francfort, de Bonn, de Coblentz, situées à l'amont de Cologne, voulurent commercer directement avec celles de Dusseldorf, Arnheim, Rotterdam, situées à l'aval, elles éprouvèrent les plus grandes difficultés à s'affranchir du stationnement et des frais de déchargement ou transbordement à Cologne : cette ville réclamait ses *droits acquis.*

» Rappellerons-nous l'émeute des mariniers de Poses sur les bords de la Seine, et la destruction qui s'ensuivit de quelques approvisionnements qui avaient été faits pour un canal destiné à éviter aux bateaux les difficultés du passage des Poses, et les frais qui en résultent.

» Ces mariniers, qui n'ont d'autre industrie que de louer leurs chevaux et leurs bras pour franchir le pertuis qui existe vis-à-vis de leur village, n'imaginaient pas qu'on pût songer à un perfectionnement qui causait leur ruine.

» *C'est ainsi que les usages et les abus, fondés sur un état d'ignorance et d'imperfection ne tardent pas à passer, aux yeux de ceux qui en profitent, pour un droit inviolable, et que l'on voit sans cesse l'intérêt général disparaître en présence des intérêts de localité.*

» C'est dans de telles circonstances que l'action d'un gouvernement éclairé doit se faire sentir, et que l'on doit attendre de lui la fermeté nécessaire pour faire le bien général malgré quelques froissements particuliers.

» L'administration des Ponts-et-Chaussées a fait faire, à l'embouchure de la Loire, les projets d'un canal latéral, accessible à de grands navires, et qui aurait pour but de faire arriver à Nantes les bâtiments du commerce, sans arrêt ni allégement à Paimbeuf; Paimbeuf réclamera-t-il ses droits acquis? L'administration des Ponts-et-Chaussées commet-elle une injustice à l'égard de cette ville?

» Ecartons donc de cette discussion des idées ou des craintes que l'état actuel des sciences économiques et commerciales ne peut plus admettre, et essayons de nous placer à la hauteur d'où l'Administration envisagera et jugera la question d'un Canal maritime avec port et entrepôt, à Paris, par rapport aux intérêts des ports de mer.

» Ces intérêts ne sont pas tous semblables : Bordeaux, Marseille, Dunkerque, Nantes, ont un intérêt identique ; celui de Rouen ne peut se discuter d'après les mêmes bases ; le Havre surtout forme une classe à part. Examinons d'abord ce qui concerne les premiers.

» L'on a montré, dans le premier chapitre, ces ports déchus de leur ancienne prospérité, par suite d'événements qui ont totalement changé la face d'une partie de l'univers, et pendant lesquels d'autres puissances ont conquis le commerce et la navigation dont la France faisait la plus grande partie.

» L'on a montré, à la renaissance de la paix, les efforts faits par le bassin de la Seine pour suffire à ses besoins par ses ports naturels ; de là les progrès et la prospérité du Havre.

» Nantes et Bordeaux se réveillaient avec le souvenir de leur activité passée ; la concurrence du Havre les étonna ; ces villes voulurent lutter et n'y purent réussir ; bientôt, l'on vit des maisons nantaises et bordelaises établir des comptoirs au Havre, en conservant ceux qu'elles avaient à Nantes et à Bordeaux ; plusieurs d'entre elles enfin en vinrent à supprimer ces derniers et à concentrer leurs affaires au Havre.

» Un écrivain, déjà cité, nous fournit lui-même la preuve de ce fait, dans le mémoire qu'il a présenté sur la ville du Havre, par rapport à l'entrepôt de Paris. « Nous avons au Havre, dit-il, page 29, beaucoup de maisons de *Paris*, de *Rouen*, de *Bordeaux*, de *Nantes*...... ; plus de trente maisons *suisses, anglaises, américaines, portugaises, allemandes......., sans parler des anciennes maisons du Havre......* »

» Cette marche du commerce a pu avoir quelque chose d'inattendu pour les personnes qui n'avaient pas jugé les changements qui s'étaient opérés dans l'industrie de la France ; mais ces changements rendaient cette marche inévitable : Bordeaux, Nantes et Marseille, ne peuvent pas imputer à l'influence de Paris les véritables pertes que leur commerce a subies ; ces villes peuvent soutenir sans doute que c'est l'influence de la capitale qui les a empêchées de s'emparer de l'approvisionnement du bassin de la Seine, et qui l'a porté dans le port du Havre ; mais l'approvisionnement d'un bassin par les ports qu'il possède ne saurait être présenté comme un préjudice réel porté aux autres bassins. C'est là le spectacle continuellement offert par l'industrie et sa conséquence irrésistible ; améliorer les relations commerciales en abrégeant les distances et le temps, et en diminuant les dépenses, tel est le problème incessamment poursuivi par toutes les nations civilisées ; le bassin de la Seine a fait le premier pas dans la solution de ce problème ; il peut s'ensuivre, pour les autres bassins, *un manque à gagner*, mais non pas un déficit réel ; ils n'ont rien perdu de ce que leur position les appelle à conserver justement.

» Cela bien compris, y a-t-il quelque avantage ou quelque inconvénient pour les ports de Bordeaux, de Nantes, de Marseille, à ce que l'approvisionnement du bassin de la Seine se fasse à Paris plutôt qu'au Havre ?

» Marseille, Nantes et Bordeaux réunissent les deux genres de navigation : celle de long cours et celle de cabotage.

» La navigation de long cours de ces trois ports, bornée à l'approvisionnement de leurs bassins, en est à un point où elle ne peut plus décroître ; et il faut reconnaître aussi que, dans l'état des choses, ses progrès ne peuvent pas être sensibles ; l'usage et l'emploi des denrées ou matières exotiques n'est pas assez généralement répandu en France, pour que les ports qui ont des bassins même assez étendus à approvisionner, puissent encore y trouver l'occasion d'un grand commerce extérieur.

» Nous avons vu combien le bassin de la Seine l'emporte par ce genre de consommations, sur les trois autres bassins, et il est évident que la communication de Paris avec la mer ne peut qu'accroître ces communications ; l'impulsion que déjà la capitale a donnée à son bassin et qu'elle lui imprimera alors, plus vive encore, ne tardera pas à passer les limites de ce bassin ; elle ira répandre également dans les trois autres le goût et l'usage des denrées ou matières exotiques.

» L'exemple de l'Angleterre, quelquefois invoqué, suivant nous, d'une manière trop vague dans cette question, ne peut-il pas se citer utilement ici ? N'est-ce pas le lieu de rappeler que la France consomme, par habitant, trois fois et demie moins de sucre et de coton que l'Angleterre, et n'y a-t-il pas lieu de croire que la progression continuelle que Londres a entretenue dans les consommations de la Grande-Bretagne, deviendra aussi rapide dans les consommations de la France lorsque le mouvement sera imprimé par la capitale ?

» Lors même, au reste, que les ports de mer soutiendraient cependant que les effets de cette influence de la capitale seraient fort lents, seraient nuls même, au moins est-il certain que, dans l'état des choses, un port à Paris ne peut leur faire le moindre tort.

» Paris ne pourra pas plus que le Havre disputer aux autres ports l'approvisionnement de leurs bassins ; disons plus, *Paris le pourrait beaucoup moins.*

» Si la place du Havre avait plus de ressources réelles, possédait plus de capitaux, était, en un mot, un grand marché, l'on pourrait concevoir qu'une forte partie des articles destinés aux autres bassins fussent attirés par la puissance de cette place, et de là passassent dans les autres ports par cabotage ou mutation d'entrepôt ; mais à quelque prospérité que doive un jour s'élever la place de Paris, les ports de mer de France n'auront évidemment pas à craindre que ce port nouveau, plus reculé dans les terres, ne leur envoie des denrées ou matières exotiques : car enfin, la navigation du canal en montant ou en descendant *ne sera pas gratuite ;* les marchandises y supporteront des droits, et *ces droits* sont, par rapport aux ports de mer de France, comme une *prime de garantie* qui ne peut leur laisser la moindre inquiétude.

» Ainsi, point de craintes fondées de la part des ports de mer sur le port de Paris, sous le point de vue de la navigation de long cours ; la prospérité de Paris ne peut, au contraire, qu'accélérer la leur.

» Si nous passons au cabotage, nous trouvons que, loin d'être un objet d'inquiétude pour les ports de mer, le port et l'entrepôt de Paris doivent être vivement désirés par eux. Quel est le principal objet du cabotage de Bordeaux ? le commerce de vins. Quel est un de ses principaux débouchés ? le bassin de la Seine, ou plutôt la capitale. Si du canal maritime doit résulter la diminution des dépenses que supportent les vins pendant leur navigation sur la Seine et par leur déchargement intermédiaire à Rouen ; si par conséquent, au moyen de ce canal, les vins peuvent être amenés à Paris et beaucoup plus vite et à de bien moindres frais (1), l'intérêt de Bordeaux ne se lie-t-il pas ici avec celui de Paris et du bassin de la Seine ?

(1) Il résulte des recherches du membre de la Commission des Négociants chargé de vérifier le travail des soumissionnaires sur les vins, que l'entreprise du canal, ses droits prélevés, laisse encore au commerce des vins une économie de sept et demi pour cent sur la valeur de cet article. Ce membre de la Commission est l'un des principaux négociants en vins de Paris.

» L'on arrive à la même conclusion pour Dunkerque, par rapport à ses charbons; pour Marseille, par rapport à ses savons, à ses huiles, à ses produits chimiques, etc., etc.

» Toutes les côtes de France ont l'intérêt le plus vif à la création du canal maritime et du port de Paris; cette communication directe avec un centre de consommation aussi puissant, ne peut que avoriser sur les côtes les progrès de la production et de la navigation.

» Que l'on veuille bien se rappeler, d'ailleurs, les dangers et les difficultés que le cabotage des ports de France s'obstine à braver pour pénétrer jusqu'à la place la plus voisine de la capitale; si l'on réfléchit qu'au lieu d'une navigation dont le tonnage moyen est de 57 tonnes, pour arriver jusqu'à Rouen seulement, les ports de France pourraient, au moyen du canal maritime, commercer avec Paris par des cabotiers de 200, de 300, de 500 tonneaux même, s'ils le voulaient; si l'on considère d'ailleurs que la navigation est d'autant plus économique que le tonnage est plus élevé, l'on arrive à une conviction plus profonde encore des avantages que les ports de mer que nous venons de citer devront retirer de la création de celui de Paris.

» Il nous reste à examiner les résultats que le canal maritime pourra avoir par rapport au Havre.

» Personne ne songera, sans doute, à soutenir que lorsque les navires chargés des articles destinés à Paris pourront y venir directement, le mouvement du port du Havre restera ce qu'il est aujourd'hui; quelque sollicitude que la Compagnie apporte pour que ce port, non-seulement ne soit pas menacé ou endommagé par les travaux qu'elle propose, mais encore, pour que ses entrées deviennent plus sûres et plus nombreuses, il est parfaitement clair, cependant, que des arrivages plus considérables de navires ne peuvent pas constituer un véritable mouvement commercial, si la plupart de ces navires ne font que traverser.

» Mais, en même temps cette sollicitude de la Compagnie pour l'amélioration du port du Havre paraît devoir rendre ce port accessible à la marine militaire; l'on conçoit que si ce résultat était obtenu, la population du Havre, c'est-à-dire ses marchands, ses constructeurs, etc., etc., y trouveraient une compensation du tort que le canal maritime peut leur faire; mais cette compensation serait nulle pour les maisons d'armement.

» Il semble, au premier coup d'œil, que ces maisons, dont le principal objet est véritablement de gérer les affaires de Paris à l'extérieur, et dont le principal bénéfice est de percevoir des commissions sur les achats faits pour le compte de la capitale et sur les consignations des colonies, se trouveront totalement ruinées lorsque Paris pourra correspondre directement avec l'étranger et les colonies; tel ne sera pas cependant l'avenir de ces maisons; elles perdront leurs commissions, cela est inévitable; mais une carrière beaucoup plus vaste et plus lucrative leur est ouverte, non pas au Havre, il est vrai, mais à Paris.

» L'on a vu les maisons de Bordeaux et de Nantes se déplacer et venir au Havre, lorsque le commerce du bassin de la Seine s'est concentré dans ce dernier port; aujourd'hui que ce commerce pourra parvenir jusqu'au centre d'où il reçoit tout son mouvement, l'on verra de même les maisons du Havre reporter leurs comptoirs à Paris.

» Quelle influence, en effet, n'exerceront pas ces maisons sur la capitale, lorsqu'elle voudra établir ses relations avec l'extérieur! Les grandes maisons de Paris ne seront-elles pas toutes portées à prendre alors pour associés des négociants ayant une longue expérience du commerce d'armement, auquel ces maisons sont encore étrangères. Les armateurs français du Havre, gérants aujourd'hui pour la plupart des commandites qui leur sont faites par Paris, se trouveront évidemment dans l'une de ces deux positions avantageuses : ou de devenir les associés de leurs commanditaires actuels et de travailler avec eux à fonds communs, ou bien d'en obtenir de plus fortes commandites; car la création d'un port et d'un entrepôt à Paris y déterminera un grand accroissement de mouvement commercial, et les capitalistes de Paris, d'ailleurs, porteront un tout autre intérêt à des affaires qu'ils verront administrer sous leurs yeux.

» Mais que l'on ne s'y trompe pas, les affaires faites alors par ces maisons, ne seront plus les mêmes que celles que le Havre fait aujourd'hui.

» Cette position intermédiaire de la ville du Havre entre le consommateur et le producteur a donné à son commerce une physionomie qui ne se trouve dans aucune des places vraiment commerçantes de l'Europe; on ne la voit, ni à Londres, ni à Liverpool, ni à Hambourg; là ne se trouve pas cette singulière démarcation qui existe dans le bassin de la Seine, entre les maisons d'armement, de consignation et de commission du Havre, et celles de commerce et de spéculation sur les marchandises de Paris; cet échelon d'un consignataire, entre la production et la consommation, est tout-à-fait supprimé en Angleterre pour tout ce qui reste dans le pays, et l'on conçoit en effet que des maisons qui s'appuient sur de puissantes ressources veulent directement traiter, d'une part, avec le producteur, de l'autre, avec le consommateur, et qu'il résulte de cette simplicité dans les relations commerciales une forte diminution sur le prix de la marchandise

» Lorsque de grandes maisons se fonderont à Paris sur les capitaux de cette ville, et sur l'expérience et l'intelligence des armateurs du Havre, ces maisons, comme les maisons anglaises, traiteront donc directement aux Colonies ou à l'étranger, et le prix de la marchandise se trouvera ainsi réduit de tout ce que les maisons du Havre y ajoutent. Ainsi la suppression des commissions sur les comptes des maisons de Paris; la suppression des intérêts qui grèvent la marchandise, soit par le temps qu'elle met à arriver du Havre à Paris, soit par le paiement des droits de douanes, anticipé de plusieurs mois; la suppression, enfin, de tous les frais qui se rattachent aux manipulations du Havre, et aux déchets et avaries qui en sont la suite; telle sera la conséquence naturelle de la fusion qui s'opérera entre les maisons du Havre et celles de Paris:

» Ce serait peut-être, ici, le lieu de faire ressortir tout ce que le contact plus immédiat des capitaux de Paris rendra d'activité à notre marine marchande, dont l'infériorité est réelle aujourd'hui, comparativement aux marines anglaise et américaine : ces deux nations pratiquent véritablement mieux le commerce extérieur; leur position et l'influence de leurs grandes villes leur en donnent le goût, et leur apprennent à réaliser, dans les opérations d'armement, des bénéfices que n'y peuvent trouver les maisons françaises. On l'a déjà dit : que l'on demande aux plus respectables et aux plus intelligentes maisons du Havre si elles s'enrichissent réellement par les opérations d'armement, toutes confesseront qu'elles n'y peuvent faire fortune; que les capitaux leur manquent; soit pour armer de gros navires et lutter ainsi avec les Américains qui augmentent successivement les leurs, soit pour composer seules et avec rapidité des cargaisons dont les bénéfices ne profiteraient qu'à elles, etc., etc. Il est aisé de voir que cet état de souffrance sera immédiatement détruit par la création du port de Paris. »

» Il résulte de ces considérations, aussi vraies aujourd'hui qu'il y a trente ans, que la création du Port de Paris aurait pour effet de transformer et non de détruire le commerce du Havre, de retirer même cette place de la routine dans laquelle elle est restée depuis de longues années, de lui donner une impulsion salutaire et qui lui a fatalement manquée jusqu'à ce jour, malgré les hommes distingués qu'elle compte à la tête de son commerce maritime.

État actuel du port du Havre.

Cette immobilité du Havre, son défaut d'initiative se trouve nettement accusé dans l'article suivant que nous empruntons au journal le plus autorisé de cette place; nous citons cet article récent, parce qu'il dépeint nettement la situation actuelle :

« Avant la guerre d'Amérique, le mouvement du port du Havre était immense par comparaison avec » d'autres ports de premier ordre, tels que Bordeaux et Nantes, et ne le cédait en importance qu'au mou- » vement du port de Marseille. Nos bassins ne désemplissaient pas, et les quais qui les encadrent étaient » devenus d'une insuffisance notoire et palpable. Aujourd'hui, nos bassins sont loin d'être déserts, mais » il y a un grand déchet, et l'insuffisance des quais ne se fait plus sentir dans les mêmes proportions. En » effet, le tonnage du port, en 1862, a été inférieur à celui de 1861 de 388,914 tonnes. Le développement » des quais accostables à nos bassins est de 6,874 mètres. En en retranchant 850 mètres employés pour » les vapeurs de l'État, le Dock flottant, le Carénage et les deux Mâtures, il reste pour le service du com- » merce 6,024 mètres. Chaque mètre linéaire de quais suffisant à un mouvement annuel de 180 tonnes, » les 6,024 mètres de quais disponibles peuvent donc servir à un mouvement annuel de 1,084,320 tonnes. » Or, le mouvement constaté en 1862 a été seulement de 902,000 tonnes. Le développement linéaire de » nos quais a, par conséquent, été cette fois exceptionnellement suffisant, mais c'est qu'aussi l'année 1862 » correspond, pour le Havre, à un trafic exceptionnellement faible, les arrivages de coton américain, qui » figurent ordinairement dans le commerce du port pour quatre à cinq cent mille balles, ayant été nuls.

» Ces données comparatives prouvent deux choses : la première, que le coton américain occupait une » place considérable dans le mouvement de notre port, le tiers environ du tonnage total; la seconde, » qu'en dehors de ce mouvement partiel subsistent pour nous de nombreux éléments de trafic qui, annuel- » lement, dépassent encore le chiffre énorme de 900,000 tonneaux. *Or, dans ce qui nous reste, si nous y* » *portions une attention plus soucieuse et plus diligente que nous ne l'avons fait jusqu'ici, ne pourrions-nous* » *pas trouver de quoi réparer la brèche américaine?*

» Le coton américain nous était apporté par navires américains. Assurément, c'était chose précieuse » que tant de coton affluât sur notre place, même à l'aide isolée du pavillon étranger, puisque, grâce à » cette affluence, le Havre était devenu, pour l'abondance de l'approvisionnement, le second des marchés » européens de coton, et ne le cédait sous ce rapport en importance qu'au marché de Liverpool. Mais c'eût » été incomparablement mieux encore, tout le monde en conviendra, si notre pavillon avait concouru pour » un tiers ou pour une moitié dans l'importation de ces cotons. C'est dans cette dernière proportion, nous » le croyons, que le pavillon anglais participait à l'apport du coton à Liverpool. *Malheureusement ce n'était* » *pas seulement en ce qui concerne le coton que, dans notre intercourse générale, notre pavillon était supplanté* » *par le pavillon étranger.* Dans ce trafic de 900,000 tonnes qui subsiste pour nous, il faut bien l'avouer, » la part du pavillon étranger est encore de beaucoup la plus considérable. Dans les expéditions directes

» de la Grande-Bretagne ou de ses possessions en Europe sur nos ports de l'Océan ou de la Méditerranée
» les navires français ne figurent pas pour plus de 28 pour 100. *La proportion est encore bien autrement*
» *désavantageuse pour nous dans notre intercourse avec les autres nations des mers septentrionales de l'Eu-*
» *rope. La part de nos navires est réduite à 5 pour 100 avec la Suède, à 4 pour 100 avec l'Association*
» *allemande, et à 2 pour 100 avec la Norwége.*

    » Cette infériorité relative est-elle incurable? Évidemment, non ; car elle tient à des causes dont les
» unes tendent à s'amoindrir, *et dont les autres dépendent un peu de l'apathie que nous y avons mise.* De
» tout temps, les nations pourvues d'une marine suffisante ont exporté sur leurs propres navires leurs
» produits de grand encombrement. *En effet, les opérations maritimes ont pour premier élément le fret de*
» *départ.* Quand on expédie un bâtiment pour des contrées étrangères, on n'est pas toujours assuré d'y
» trouver une cargaison ou de se la procurer à des conditions favorables. Il y a là des éventualités qui
» rendent les spéculations plus ou moins aventureuses. Au port d'armement, au contraire, tout est certi-
» tude ; le fret est sous la main, préparé d'avance, et les bénéfices d'un premier transport disposent à
» affronter les chances du retour. Les Anglais ont les houilles et les produits métallurgiques, et les États
» du Nord les bois, les suifs, les chanvres.

    » Mais ces causes de défaveur pour notre pavillon national, qui ont une puissance presque souveraine
» dans les relations avec les contrées lointaines, ont une influence moins néfaste pour les relations avec
» les contrées plus rapprochées de nous. D'ailleurs, entre les Anglais et nous, comme entre nous et les
» autres peuples du Nord, il ne s'agit pas seulement de houilles, de bois, de suifs et de chanvres, il s'agit
» de bien autres choses. Parallèlement à cette navigation qui se nourrit de fret d'encombrement, s'est
» développée depuis nombre d'années une navigation pour les voyageurs, les lettres et les marchandises
» de prix, une navigation où la valeur des objets annihile les questions de poids et de volume. Or, pour
» nous, qui d'ordinaire avons la palme, quand nous le voulons bien, dans les choses où le goût, le soin,
» l'art, le confortable occupent le premier rang, il se trouve que c'est précisément dans cette navigation de
» luxe que nous sommes supplantés par nos rivaux les plus voisins. Toute la navigation à vapeur, du
» Havre aux divers ports d'Angleterre, de Hollande et de l'Association allemande est entre les mains des
» étrangers. Certes, ce n'est pas dans l'ordre, et, si à cet égard nous n'avons pas pu arriver à nous appro-
» prier au moins la moitié de ce mouvement, il n'est pas téméraire de penser que c'est parce que nous ne
» l'avons pas voulu ; et, si nous ne l'avons pas voulu, il n'est pas déraisonnable de penser que c'est parce
» que nous avions dans l'affaire des cotons une occupation et une source de richesses, qui nous rendaient
» paresseux à porter ailleurs nos incursions.

    » Il serait d'autant plus urgent d'en venir à ces branches d'opérations maritimes beaucoup trop négli-
» gées jusqu'ici, que ce n'est pas seulement le marché des cotons, mais encore plusieurs autres, qui
» tendent à nous échapper et à s'exiler de chez nous par l'effet, soit des circonstances, soit de la réforme
» même de nos tarifs. »

    N'est-ce pas là, nous le demandons, un aveu d'impuissance? N'est-il pas évident
que le Havre, livré à lui-même, ne peut lutter contre ces diverses causes d'infériorité ?

    Comme la Compagnie de 1827, nous ne comprenons pas la création du port de
Paris sans l'organisation sur ses bords d'un vaste système de docks conçus et admi-
nistrés d'après les mêmes principes que ceux de Londres et de Liverpool, et reliés

Les docks sont une conséquence inévitable du canal et n'en peuvent être séparés ; docks de Londres et Liverpool.

avec le chemin de fer de ceinture, et par suite avec l'ensemble du réseau européen à l'aide d'un chemin de fer spécial. Les produits de la manutention des marchandises dans ces docks viendront s'ajouter aux péages du canal et créer à la Compagnie des ressources suffisantes pour couvrir largement l'intérêt et l'amortissement de tous les capitaux engagés dans l'entreprise.

On sait que toutes les tentatives faites jusqu'ici pour établir des docks à Paris n'ont qu'imparfaitement abouti. Ce n'est que par la création d'un véritable port maritime qu'on pourra réellement créer pour le commerce de Paris cette puissante et féconde organisation. Toutes les raisons qu'on faisait valoir lors de l'organisation de cette Compagnie des docks-Napoléon qui a laissé de si tristes souvenirs, peuvent être invoqués aujourd'hui avec bien plus de raison à l'appui de notre projet. On disait alors :

« C'est beaucoup sans doute que d'avoir, sur notre sol, dans nos principaux ports, des entrepôts où les marchandises jouissent, à charge de réexportation, de l'immunité de droits que leur assure cette sorte de terrain neutre ouvert à l'importation étrangère; mais qu'est-ce après tout que les entrepôts, sinon une enceinte douanière perfectionnée, complétement isolée, où l'administration désigne et marque de son cachet, ouvre et clôt, sous la garde du douanier, les accès et issues qui seuls peuvent s'ouvrir aux mouvements et à la manutention de la marchandise? Les docks, tout au contraire, sont créés, non-seulement pour faciliter, comme les entrepôts, l'extension de la réexportation et du transit, mais encore pour faire disparaître les inconvénients qui résultent pour le commerce d'un trop grand encombrement des quais et abords; pour centraliser dans des localités qui leur sont spéciales les opérations sur les marchandises; pour en écarter autant que possible ces intermédiaires parasites et onéreux qui sont la plaie à la fois du producteur et du consommateur; pour placer les transactions sous la surveillance et les intérêts d'une Compagnie chargée d'agir au nom et dans l'intérêt du commerce dans ses rapports avec les douanes, et offrant, par suite, au commerce, d'incontestables garanties d'économie et de sécurité, et, à l'administration elle-même, par une meilleure organisation des services de manutention, une perception plus facile et plus économique.

» On voit que nous n'envisageons ici les docks qu'au point de vue de leur organisation et de leurs rapports matériels. Quels autres et bien plus grands avantages n'aurions-nous pas à faire ressortir dans ces utiles créations, si nous parlions ici du *warrant*, titre représentatif de la marchandise déposée dans le dock, et transmissible par voie d'endossement comme tout billet de caisse ou de banque, de manière à faire de tel chargement de navires ou de wagons, sans déplacement, sans frais considérables, une *valeur circulable*, susceptible de passer à tout moment du portefeuille d'un négociant dans celui d'un autre? Ce sont, pour tout résumer en un mot, des millions, ou plutôt des milliards de valeurs qui, inactives pour un temps plus ou moins long, se trouveront rendues, livrées à la circulation, et quiconque a fait la moindre étude des lois de l'économie publique, sait assez combien la richesse d'un pays s'accroît par la rapidité de la circulation de ces valeurs. On sait ce qu'a fait pour le port de Londres, pour New-York, pour Hull, pour Liverpool, l'établissement des docks; ils ont, dans le cours des quinze ou vingt dernières années, doublé, triplé, décuplé quelquefois les opérations. Les preuves qu'on pourrait en donner sont nombreuses; bornons-nous à tracer un aperçu du mouvement des docks de Liverpool pour l'année financière expirant au 30 juin 1851.

» Il est entré, durant cette période annuelle, dans les docks de Liverpool, 21,173 bâtiments portant 3,913,000 tonneaux, lesquels ont donné lieu à une perception de 3,444,000 fr. Les autres droits, taxes, etc., ont procuré à l'administration des docks une recette de 3,619,000 fr., ce qui forme un total de 7,073,000 fr. En 1842, ce revenu ne dépassait pas la somme de 4,448,000 fr. L'augmentation a ainsi été de près de 50 %. On peut juger, par ce seul rapprochement de chiffres, de la rapidité avec laquelle s'accroît la prospérité de ce grand entrepôt britannique. Il la doit sans doute en grande partie à la mer, qui y amène de si nombreux navires de tous les points du globe; mais ce qui n'est pas moins certain, c'est qu'il la doit aussi, pour une bonne part, aux lignes de chemins de fer, qui, de ses docks, rayonnent sur toutes les parties de l'Angleterre; et en échange des matières brutes venues du nouveau monde, expédient au dehors les produits manufacturés de Manchester, de Londres, de Leeds, du Lancashire, du Staffordshire, etc. »

On verra avec plus de détail, dans la suite de ce mémoire, que le canal maritime que nous proposons de créer entre Paris et la mer n'aurait qu'une longueur de 190 kilomètres entre le port de Paris et le port de Dieppe, tandis qu'on ne compte pas moins de 368 kilomètres de Paris au Havre par la Seine, et 237 kilomètres de

Grande abréviation offerte par le canal de Paris à Dieppe, avantages d'une double issue vers la mer.

Paris à Rouen. L'ancien projet du canal maritime de Paris à Rouen par la Seine avait 178 kilomètres, c'est à très-peu de chose près la longueur du canal de Paris à Dieppe, en sorte que cette *dernière direction économise toute la distance de Rouen à la mer, tout en évitant les dangers, les frais et les lenteurs de l'embouchure de la Seine.*

Sans doute, le canal maritime exige des écluses, mais la suite prouvera que les frais et les lenteurs qu'elles rencontreront ne sont que des inconvénients bien légers, en face des avantages immenses de cette abréviation.

D'ailleurs, en ouvrant une nouvelle issue vers la mer, le canal maritime ne laisse-t-il pas subsister la navigation de la Seine? Cette dernière ne viendra-t-elle pas aussi apporter son contingent au port de Paris, qui aura ainsi deux bras immenses pour atteindre l'Océan?

Avantage de la création du canal et du port de Paris au point de vue militaire.

Au point de vue militaire et politique, la création d'un grand port à Paris se rattache à des considérations de la plus haute portée. Le canal maritime, se complétant par le port de refuge de Dieppe, qui pourrait être construit par l'Etat, deviendrait un abri bien précieux pour notre flotte, en cas de guerre maritime. Ne sait-on pas que nous manquons complétement d'un tel port sur les côtes de la Manche?

Le port de refuge de Dieppe, par sa situation admirable, serait complétement à l'abri même des engins de guerre les plus perfectionnés.

On l'a dit avec raison : « Les progrès de l'artillerie moderne ont fatalement compromis la sécurité de la plupart de nos ports de mer.

» Nos villes de commerce et nos arsenaux militaires situés sur le littoral sont, dans le cas d'une guerre maritime, exposés à être réduits en cendres par la grande portée de l'artillerie d'un ennemi venant de la mer.

» Les progrès dans la portée et dans la précision du tir se sont accrus et augmentent tous les jours. Des appareils insubmersibles, invulnérables, imaginés par le génie de la destruction, ont apparu et se sont mesurés sur les mers.

» La nécessité de mettre notre matériel naval, militaire et marchand, à l'abri des terribles désastres auxquels il serait infailliblement exposé dans l'état actuel, en cas de guerre maritime, est donc devenue de plus en plus urgente.

» Le seul refuge assuré pour nos vaisseaux, sont le lit des rivières, les canaux artificiels et les ports intérieurs. »

Profil adopté pour le canal maritime.

Le profil du canal maritime de Paris à Dieppe a été adopté dans le but de rendre ce canal accessible aux navires de la marine militaire et de la marine marchande du plus fort tonnage; le profil normal présente une largeur de 46 mètres à la ligne d'eau, de 22 au plafond, et une profondeur de 8 mètres.

Les terrains parcourus par le canal sont partout favorables au choix d'un tel tirant d'eau, quelque considérable qu'il puisse d'abord paraître, et nous avons la certitude qu'on pourra le réaliser en pratique sans de trop grandes difficultés.

Les écluses seront doubles : les grandes auront une longueur intérieure de 120 mètres et une largeur de 20 mètres, les petites une longueur de 50 mètres et une largeur de 13 mètres.

La largeur *minima* de 20 mètres a été adoptée pour tous les passages difficiles du canal.

Il résulte de cette disposition que le canal et les écluses pourront livrer passage aux plus forts navires de guerre et de commerce.

En exploitation ordinaire, on pourra faire passer dans chaque grande écluse, au besoin, un convoi d'au moins deux navires de commerce de 1,000 à 1,500 tonneaux. L'exploitation du canal sera réglementée de manière à ce que chaque éclusée soit utilisée pour la descente et la remonte simultanée de deux convois. Les petites écluses serviront pour la batellerie ordinaire où les bâtiments de commerce isolés. C'est ainsi que nous sommes parvenus à concilier la double destination du canal maritime, en ne faisant que les dépenses d'eau nécessaires, comme on le verra avec plus de détails dans les chapitres suivants.

CHAPITRE II

COUP D'ŒIL HISTORIQUE SUR LES DIVERS PROJETS DÉJA ÉTUDIÉS PAR LA VALLÉE

DE LA SEINE

DESCRIPTION ET DISCUSSION DES TRACÉS DIRECTS DE PARIS A DIEPPE;

TRACÉ ADOPTÉ. — TYPES DES PRINCIPAUX OUVRAGES D'ART.

CHAPITRE II

Les considérations générales, exposées dans le chapitre Ier, ont établi d'une manière incontestable la nécessité, au point de vue de l'intérêt général, du canal maritime.

Dans ce chapitre, nous étudierons le tracé qui a dû être préféré. Mais, avant de décrire ce tracé, il importe de rappeler les antécédents de cette grande question.

La première pensée qui vient à l'esprit de tout ingénieur qui projette un canal de la mer à Paris, est de partir du Havre, et de se servir ou de la Seine dans son lit amélioré, ou d'un canal latéral à la Seine.

Aussi ces deux projets ont-ils déjà été étudiés par les ingénieurs les plus renommés ; nous allons les suivre avec soin. Puis nous comparerons ces deux projets avec celui qui consisterait à établir un canal maritime direct de Dieppe à Paris.

Pour tout projet faisant partir du Havre une navigation maritime allant sur Paris, la première nécessité à satisfaire est d'exécuter les travaux qui pourront procurer aux vaisseaux remontant du Havre à Paris toute la facilité et toute la sécurité dont le commerce a besoin, et dont il est privé dans la dangereuse traversée de l'embouchure de la Seine.

Aussi M. Dutens, inspecteur général des ponts et chaussées, nous dit-il dans son *Traité de la navigation intérieure de la France* (page 235 et suiv., tome II) :

> « Que dès l'année 1783, l'Académie des sciences et belles-lettres de Rouen, ayant fait un appel à
> » tous les hommes de l'art, en proposant un prix destiné au mémoire qui déterminerait les moyens les
> » plus économiques de resserrer, creuser et rendre accessible aux *grands vaisseaux* le chenal de la Seine,

[note marginale :] Coup d'œil historique sur les projets de canaux maritimes déjà étudiés dans la vallée de la Seine ; leurs difficultés. Perfectionnement de la Seine dans son lit.

Premiers projets de MM. Cachin et Lamblardie.

» et de le débarrasser des bancs qui l'obstruent, M. l'ingénieur Lamblardie présenta à cette société savante
» un projet de *Canal qu'il établirait sur la rive droite de la Seine*, entre le Havre et Villequier.

» De son côté, M. Cachin, inspecteur général des ponts et chaussées, s'occupa en 1791, dans la vue
» de franchir le même espace, d'établir un *Canal sur la rive gauche de la Seine*, depuis ce port jusque près
» du hameau du Plessis, vis-à-vis de Villequier.

» Par le projet de M. Lamblardie, le canal du Havre à Villequier, partant des bassins du Havre,
» devait être alimenté par les eaux de la rivière d'Harfleur et par plusieurs ruisseaux, et suivre, ainsi
» que nous l'avons dit, la rive droite de la Seine jusqu'au-dessus de Villequier, en parcourant une
» longueur de 50,000 mètres; il aurait eu 37 mètres de largeur à la ligne d'eau et 6 mètres de profon-
» deur; son exécution était estimée, par cet habile ingénieur, devoir coûter 10,043,875 francs.

» Mais depuis cette estimation, faite en 1783, de grands changements sont survenus non-seulement
» dans les prix des travaux, mais encore, ce qui est beaucoup plus grave, dans les lieux où le canal dont
» il s'agit devait être établi. Les parties sur lesquelles il pouvait être creusé avec facilité ont été depuis
» ce temps envahies par la mer sur de grandes longueurs, et la mer n'a point abandonné celles où il
» devait être assis dans la baie au moyen d'une digue extérieure de défense. De sorte qu'il n'y a eu à cet
» égard aucune compensation, et que dès lors, ainsi que des études récentes ne l'ont que trop prouvé, *la*
» *dépense en serait aujourd'hui plus que quadruplée, dans le cas même où il ne serait pas reconnu néces-*
» *saire de le prolonger au-delà du point où l'on se proposait de le terminer.* » Ceci s'écrivait en 1829.

Mémoire de M. de Bérigny.

Dans un mémoire imprimé en mars 1826, M. l'inspecteur divisionnaire Bérigny, chargé de l'étude de plusieurs projets relatifs au perfectionnement de la Seine, traita du canal maritime, et adopta aussi le projet de M. Lamblardie, en partant également du Havre et en établissant, comme lui, un *Canal sur la rive droite de la Seine, du Havre à Villequier.*

Ainsi, dès le principe, les ingénieurs cherchèrent à tourner la difficulté en évitant l'entrée de la Seine, considérée comme des *plus dangereuses* et des *plus difficiles à améliorer.*

Depuis 1783 jusqu'à ce jour, les ingénieurs les plus distingués se sont succédé dans les services de la navigation de la Seine; ils ont dépensé toutes les ressources des talents les plus éprouvés dans des travaux où la nature seule pouvait être plus forte qu'eux, et, malgré tous ces efforts, l'embouchure de la Seine est encore aujourd'hui un passage dangereux que les capitaines de navires n'affrontent qu'avec crainte.

Projet d'un barrage déversoir, par M. Pattu.

Un moyen d'une conception grandiose, le seul qui pût faire croire *à priori* à un succès, avait été proposé par M. l'ingénieur en chef Pattu, pour l'amélioration de la baie de Seine :

« Ce moyen consisterait à barrer, par une digue ou barrage-déversoir, la Seine près de son embou-

» chure, de manière à relever son plan d'eau pour procurer aux bâtiments de long cours un mouillage
» suffisant, à maintenir le courant de ce fleuve sur la rive gauche, entre Quillebœuf et Honfleur, par des
» épis qui auraient encore pour effet de provoquer l'attérissement des parties de la baie comprises entre
» le lit du fleuve et la rive droite, et enfin à établir, en avant de ce barrage-déversoir, un brise-lame
» destiné à le défendre contre la violence des coups de mer.

» Le barrage-déversoir suivrait une ligne qui serait tirée du milieu des chantiers d'Honfleur au
» clocher d'Harfleur, et s'élèverait au niveau des hautes mers à la cote de 0^m,97 l'annuaire du bureau
» des longitudes; sa longueur serait de 8,500 mètres, et son épaisseur en couronne de 10 mètres. De
» l'amont et des deux extrémités de ce barrage-déversoir partiraient deux canaux latéraux de 25 mètres
» de largeur, qui, en le contournant, se rendraient, celui à droite dans les bassins du Havre, et celui à
» gauche dans ceux d'Honfleur. Un autre canal de même dimension serait ouvert à la pointe du Hoc
» pour les bâtiments qui se dirigeraient sur Rouen ou sur Paris, sans relâcher au Havre ou à Honfleur.

» A 1,728 mètres du même barrage et du côté du large, serait fondé un brise-lame qui, sur sa lon-
» gueur de 5,690 mètres, s'élèverait de 3 mètres au-dessus des plus hautes mers, et laisserait entre
» chacune de ses extrémités une passe de 500 mètres d'ouverture.

» Au-dessus du barrage-déversoir, et au moyen de deux longs épis partant de la rive droite, l'un vis-
» à-vis de Sandouville, et l'autre plus haut, vis-à-vis de Cerlange, la Seine, réunie dans un seul lit
» de 150 mètres de largeur, serait reportée, depuis Quillebœuf jusqu'à Honfleur, le long de la rive gauche,
» pour ensuite, arrivée près d'Honfleur, suivre latéralement, sur 8,000 mètres de longueur et dans un
» second lit de 100 mètres de largeur, le barrage-déversoir, et, après avoir successivement alimenté les
» canaux d'Honfleur et du Havre, passer dans un troisième canal de 100 mètres de largeur, par les der-
» rières de cette dernière ville, en cotoyant la côte d'Ingouville, et aboutir à la mer dans la petite rade,
» à l'épi Saint-Roch.

» Par l'effet du barrage et des deux épis de Sandouville et de Cerlange, M. Pattu comptait, d'une
» part, maintenir dans le lit du fleuve un mouillage de 5 mètres de profondeur, et, d'autre part, pro-
» voquer dans la baie l'attérissement d'une superficie de terrains aujourd'hui en proie à la dévastation
» de la mer et du fleuve, et équivalant à 13,000 hectares. »

Le projet de M. Pattu fut combattu à cause de ses difficultés d'exécution, mais surtout à cause de ses résultats probables. On craignit que le brise-lame et particulièrement le barrage-déversoir, en fermant l'entrée de la barre à la mer, n'eussent une influence désastreuse sur la hauteur des marées, sur la tenue du plein dans les ports du Havre et de Honfleur, ainsi que sur le lit de la Seine et sur les terrains riverains de ce fleuve. *(Inconvénients et dangers du barrage-déversoir.)*

M. l'ingénieur Lamblardie justifia ces craintes par l'exposé d'une théorie sur les courants et sur les résultats de leurs changements de direction, dont il appliqua les principes à la baie de Seine et au port du Havre. L'opinion de M. Lamblardie prévalut, et l'on abandonna le projet de M. Pattu pour revenir au canal latéral. *(Abandon unanime de l'amélioration de la Seine dans son lit entre Rouen et le Havre.)*

On ne peut que se rallier à des décisions si générales, si bien mûries par les esprits les plus élevés, et repousser, comme point de départ d'un canal maritime qui partirait du Havre, *la Seine elle-même*. M. l'inspecteur Bérigny et les soumissionnaires du canal maritime proposé en 1825 étaient du même avis.

« D'abord incertains, dit M. Dutens (page 237), sur le parti à prendre relativement aux ouvrages à
» exécuter dans la baie de Seine, *s'étant décidés en faveur d'un canal latéral* (que nous examinerons
» bientôt), ils firent étudier le projet de ce canal, en sorte qu'il n'est plus permis de ne pas admettre
» l'estimation des travaux nécessaires pour son établissement, qui en porte la dépense à la somme de
» 70,000,000 fr. »

Ainsi, le résultat commun de toutes les tentatives, a toujours été l'abandon de la Seine entre le Havre et Rouen, pour ce double motif, que la baie de Seine est trop dangereuse, et que les travaux nécessaires pour l'améliorer et donner un tirant d'eau constant et convenable pour des navires de long cours, devaient avoir des conséquences funestes pour la Seine et ses riverains.

Amélioration de la Seine dans son lit entre Rouen et Paris ; impossibilités qu'elle présente pour réaliser un canal maritime d'un tirant d'eau suffisant.

Poursuivons, néanmoins, l'aperçu du projet de perfectionnement de la Seine, voyons à quel prix on pourrait l'obtenir de Rouen à Paris.

Nous avons dit, d'après M. l'inspecteur Dutens, que la somme fixée pour l'amélioration de la navigation, du Havre à Rouen s'élevait à la somme de 70,000,000 fr.

D'après ce même ingénieur, pour améliorer simplement la Seine de Rouen à Paris, on ne devait pas compter moins de 30 millions ; la dépense présumée s'élèverait donc, du Havre à Paris, à la somme de 100 millions, et y compris l'intérêt des fonds pendant la durée des travaux, à celle de 113 millions, pour n'obtenir qu'un résultat incomplet.

Mais en supposant que cette dernière dépense de 30 millions fût suffisante pour donner pendant quelque temps toute la perfection désirable à la navigation depuis Rouen jusqu'à Paris, ce qui ne pourrait être rigoureusement démontré que par des projets détaillés qu'il n'est pas en notre pouvoir de présenter, *combien cette navigation ne laisserait-elle pas encore à désirer, non-seulement comme n'apportant aucun changement à l'état actuel des choses, sous le double rapport sous lequel nous avons eu en vue d'examiner le canal maritime, celui du commerce extérieur et de l'entrepôt de Paris, mais même sous le rapport de la navigation en elle-même.*

En présence d'une autorité telle que celle de M. l'inspecteur général Dutens, et d'une conclusion si formelle, nous serions tentés de ne rien ajouter: mais cependant nous devons éclairer tous les points d'une question aussi importante.

Les chiffres et dépenses présentés par M. Dutens ne s'appliquaient *qu'à l'amélio-ration de la Seine, en supposant qu'elle ne dût porter que des bateaux du tonnage de ceux dont on se sert de Rouen à Paris.* Or ce n'est pas là le but que doit se proposer une navigation maritime du Havre à Paris. Il faut que les navires de long cours partant du Havre puissent arriver sans déchargement jusqu'à Paris.

Mais alors il faut modifier l'état de la Seine de Rouen à Paris; il faut y augmenter la profondeur d'eau et la porter à une hauteur constante de 7 mètres au moins. On a fait ce projet et on en estime la dépense à 200 millions de francs, au lieu de 113 millions. C'est bien pour la dépense ; la France est assez riche pour y suffire ; mais pour l'exécution et ses conséquences, que doit-on en dire? C'est ce que nous allons expliquer.

Pour donner à la Seine un tirant d'eau permanent de 7 mètres, deux moyens se présentent :

1° Draguer le lit de la rivière dans ses points hauts jusqu'à profondeur voulue ;

2° Relever le plan d'eau en combinant les barrages mobiles avec un approfondissement convenable par draguage du lit de la rivière.

Quant au premier moyen, il est presque inexécutable, attendu qu'à la suite d'un travail qui serait énormément coûteux, il y aurait à craindre qu'il ne devînt inutile, le lit de la rivière se comblant et s'exhaussant de nouveau par les dépôts amenés par les crues.

Pour le second moyen, il n'est praticable qu'à la condition d'élever sur chaque rive de la Seine d'énormes digues qui puissent contenir la Seine relevée au niveau convenable pour avoir le tirant d'eau voulu pour une grande navigation. Mais alors que deviennent toutes les rivières et toutes les propriétés riveraines de la Seine? Que deviennent tous les affluents et leurs rives? Il faudra les préserver aussi, par des travaux considérables, de cette surélévation qui les inonderait. Et enfin, admettons le pire de tous les événements, supposons que, malgré l'abaissement des barrages mobiles, une crue de la Seine vienne à crever l'une des digues en un point quelconque de sa longueur ; peut-on prévoir tous les désastres qui résulteraient de cette rupture?

Toutes ces prévisions sont cependant réelles, et, ne permettent pas d'admettre le relèvement du plan d'eau de la Seine au niveau convenable pour le passage des grands navires.

Mais tout n'est pas encore dit sur cette navigation de la Seine, car il faut bien aussi envisager la question au point de vue commercial.

A ce point de vue, ne contestant pas le chiffre de 200 millions de dépenses qui pourrait bien cependant être dépassé en cours d'exécution, le problème ne serait pas encore résolu ; car il faut encore que la durée de la navigation ne soit pas trop considérable ; *time is money*, comme disent nos voisins les Anglais, qui s'entendent assurément mieux que nous à mettre le précepte en pratique ; or, il sera impossible de réduire la durée du parcours à un temps avantageux pour le commerce, lorsqu'il faudra franchir 367 kilomètres de Paris au Havre, rendus encore plus longs par le passage des écluses.

Et puis enfin, la Seine est une grande route qui appartient à tout le monde, et que le Gouvernement ne peut pas aliéner au profit d'une Compagnie. Si donc, il y a 200 millions à dépenser pour donner à la Seine le tirant d'eau convenable pour la grande navigation, c'est au Gouvernement à les dépenser ; une Compagnie qui ne sera pas libre de jouir de ses travaux, ne peut s'en charger. Il faut donc que le Gouvernement donne satisfaction à l'intérêt général, ou bien en exécutant ces travaux, ce qu'il se gardera bien de faire, ou bien en autorisant une Compagnie à faire ceux qui lui donneront la compensation de ses sacrifices.

Il résulte donc finalement de toutes ces difficultés que nous avons essayé de rendre évidentes sans les exagérer, que le perfectionnement de la Seine pour la navigation maritime est une entreprise que des esprits prudents ne doivent pas aborder, et nous ne pouvons mieux corroborer notre conclusion qu'en rappelant ici celle de M. l'inspecteur général Dutens sur le même sujet :

« Malgré les efforts de quelques ingénieurs pour faire prévaloir le système de la canalisation des rivières sur celui des canaux, on reconnaît tous les jours combien les calculs sur lesquels ils fondent cette opinion sont peu certains et sujets à des mé-comptes. Plusieurs ingénieurs, qui, dans leurs premiers projets, proposaient de se servir alternativement de portions de rivières et de portions de canaux, se sont trouvés amenés dans l'exécution, par la force des choses, à changer d'avis et à allon-

ger les dérivations aux dépens des parties de rivières qu'ils avaient d'abord eu l'intention de conserver, et cela à un tel point que, *s'ils n'en sont pas venus à l'établissement d'un canal entièrement latéral, on peut raisonnablement prévoir que leurs
successeurs leur rendront ce service.*

» On connaît aussi ce mot, si souvent reproduit, de Brindley, à qui, au sujet d'un
canal qu'il persistait à établir près d'une rivière, on demandait pour quel objet il
pensait que la Brovidence eût créé les rivières. *Ce fut*, répondit Brindley, *pour alimenter des canaux. Nous pensons, en effet, qu'il n'y a que des obstacles insurmontables
qui doivent empêcher de substituer à la navigation fluviale la navigation en canal, et que,
même pour la rivière de Seine, bien qu'une de celles qui soient le plus susceptibles d'être
améliorées, il y a encore une foule de considérations qui doivent détourner d'employer au perfectionnement trop incertain de son cours une somme au moyen de laquelle il serait possible d'établir un canal qui, en offrant en tout temps et dans les deux sens, une navigation
constante et commode, peut seul procurer au commerce toutes les facilités qu'il réclame.* »

Quant à ce que nous avons dit que le simple perfectionnement de la navigation
de la Seine laisserait les choses dans le même état, relativement au commerce extérieur et à l'entrepôt de Paris, il nous semble superflu d'insister sur cette assertion
dont l'évidence nous dispense de tout développement; il n'est pas moins manifeste
que les transbordements des marchandises des navires dans les bateaux qui peuvent
naviguer du Havre à Rouen, et de ceux-ci dans les bateaux dont on se sert de Rouen
à Paris, ayant toujours lieu comme avant, il n'y aurait aucun changement, aucune
amélioration à cet égard, et qu'ainsi, il n'y a aucune comparaison à établir sous ce
rapport entre le projet du perfectionnement de la navigation de la Seine et celui du
canal maritime qui permettrait de conduire directement les vaisseaux à Paris.

Avant de songer à la construction d'un canal latéral maritime à grande section,
du Havre à Paris, on a songé à un canal latéral à section ordinaire.

Canal latéral à la Seine du Havre à Paris

Ce canal, partant de la plaine de Grenelle, devait passer au-dessous de ce point,
et au moyen d'un barrage, sur la rive droite, pour la suivre constamment ensuite
jusqu'à Rouen; il traverserait l'Oise, dont le niveau serait relevé par un barrage, et
franchirait, par deux tranchées, l'espace compris entre Besons et Maisons, et celui
entre le Val-Renoult et Tourville. Ouvert sur les mêmes dimensions que le canal de
Saint-Denis, il aurait 15 mètres de largeur au plafond, 3 mètres de profondeur, et

2 mètres de tirant d'eau. Ses écluses, de 8 mètres de largeur entre les bajoyers, auraient 40 mètres de longueur d'un busc à l'autre. Les bateaux qui y navigueraient pourraient porter jusqu'à 350 tonneaux, et son exécution était évaluée à la dépense de 37,300,000 fr.

Ainsi que nous l'avons fait remarquer, les travaux à faire pour perfectionner la baie de Seine depuis le Havre jusqu'à Rouen, devenant indispensables, quel que soit celui des projets auxquels on donne la préférence, il faut ajouter à la somme trouvée de 37,300,000 fr. celle de 81,700,000 fr. à laquelle on estime les travaux de baie de Seine (y compris 11,700,000 fr. pour l'intérêt des fonds pendant le travail, dont la durée est évaluée à sept campagnes), ce qui porterait la dépense à faire du Havre à Paris à la somme totale de 119,000,000 fr.

Le parcours de ce canal depuis le Havre jusqu'à Paris aurait été d'à-peu près 300 kilomètres.

Ce projet eût été acceptable, si en dernière analyse, les circonstances nécessaires d'une grande entreprise n'eussent fait donner la préférence au projet d'un canal maritime qui, ainsi que nous allons le voir, en réunissant au plus haut degré tous les avantages du dernier projet, nous semble satisfaire bien plus complétement aux nouveaux besoins de la France.

Jamais projet n'a été jusqu'à ce jour étudié avec plus de soin, plus de talents, et présenté avec plus de renseignements, de documents et de détails de toute espèce à la discussion des savants, à la connaissance du public et à l'examen de l'administration, que ne l'a été celui du canal maritime de la Seine.

D'après la demande en concession formée par les soumissionnaires de ce canal (1), une ordonnance de S. M. en date du 16 février 1825, les autorise à procéder à leurs frais aux levées de plans, de nivellements, sondes et autres opérations nécessaires à la rédaction des projets d'un canal de Paris à la mer, aux conditions exprimées dans leur soumission et portant que, pour atteindre le but qu'ils se proposent, ils s'engagent : 1° à soumettre leurs projets à la discussion d'un conseil-directeur, dans lequel entreraient des personnes placées au plus haut degré dans la

(1) MM. Sainte-Fare Bontemps, chevalier des ordres royaux et militaires de Saint-Louis et de la Légion d'honneur; Stéphane Flachat, ancien élève de l'école royale des Mines; Pierre Blaisot, Pierre de Baëcque-Morlière et compagnie, Nicolas Fessart, négociants à Paris ; Charles Fessart, négociant à Rouen, et Demachy ancien agent de change.

confiance publique (1), lequel conseil-directeur nommera deux commissions composées, l'une, de trois hommes de l'art choisis parmi les ingénieurs du corps royal des ponts et chaussées, laquelle sera chargée de vérifier les plans des soumissionnaires et les devis estimatifs des travaux ; de proposer, s'il y a lieu, des rectifications, de procéder à toutes les opérations nécessaires pour déterminer définitivement le tracé du canal, la nature et les dimensions des ouvrages d'art et de fixer le montant des dépenses (2) ; l'autre, de négociants chargée de vérifier les produits du canal et de donner son avis sur le tarif des droits à percevoir (3).

2° A ce que les travaux de ces commissions, après avoir été examinés et arrêtés par le conseil directeur, soient soumis à la vérification de la direction générale des ponts et chaussées.

Aussitôt après l'obtention de cette ordonnance, l'un des membres du conseil directeur, M. le baron Charles Dupin, se chargea d'organiser les différents services qui devaient concourir à la rédaction des projets, et s'adjoignit les ingénieurs les plus distingués. Nous pouvons donc donner une confiance absolue aux documents sortis d'une réunion d'hommes d'un talent aussi reconnu.

Le canal maritime étudié par cette Compagnie en 1825 partait de la plaine de Grenelle, et, suivant ou traversant la Seine d'après les nécessités du tracé, il arrivait au-dessous de Rouen en traversant le faubourg Saint-Sever, où devaient être établis des docks et des magasins pour l'entrepôt des marchandises.

La longueur totale de cette partie du canal *de Paris à Rouen*, suivant le tracé adopté, était de 194,549 mètres, et la pente totale entre ces deux villes de 23m,48.

(1) Le conseil-directeur se composait de M. le prince de Polignac, ambassadeur de France en Angleterre, et en son absence de M. le duc de Polignac, premier écuyer de Sa Majesté ; de M. le comte de Mollien, pair de France et membre du conseil supérieur de commerce ; de M. le comte Beugnot, ministre d'État ; de M. le baron Vitrolles, ministre d'État ; de M. le baron Charles Dupin, membre de l'Institut, officier supérieur au corps du génie maritime ; et de M. Berryer fils, avocat.

(2) Cette commission se composait de MM. de Prony, inspecteur général des ponts et chaussées, président ; Dutens et Cavenne, rapporteurs, inspecteurs divisionnaires.

(3) Cette seconde commission était composée de MM. Ardoin, président ; Larregny, secrétaire ; Vital-Roux, Lafond fils et Drouillard.

Le nombre des écluses ordinaires, rachetant une pente de 8^m,25, serait de   4

Le nombre des écluses de descente, rachetant une pente de 15^m,23, serait de 8

Le nombre des écluses de prise d'eau serait de. 8

Nombre total des écluses 20

Le nombre des barrages, en Seine, serait de. 8

Le canal devait avoir 18 mètres de largeur au plafond, 33 mètres au plan de flottaient, et 45 mètres au niveau des chemins de halage.

Il pouvait offrir un tirant d'eau de 5^m,30 *en été* et de 6 mètres *en hiver*, et recevoir pendant six mois des bâtiments de 4 à 500 tonneaux, et, pendant les autres mois, des bâtiments de 600 à 650 tonneaux.

La dépense totale pour cette partie, *de Paris à Rouen*, était estimée à 115 millions. La partie qui devait unir le Havre à Rouen et compléter le canal maritime du Havre à Paris, a été étudiée par M. l'ingénieur Fresnel.

Le canal partait des bassins du Havre, où il était en communication avec la mer jusqu'à Saint-Paul au-dessous de Ducler, où commençait la navigation en rivière, il se composait d'un seul bief terminé, à chacune de ses extrémités, par une écluse à sas ordinaire.

La longueur du canal, depuis le bassin de la Barre au Havre jusqu'à Saint—Paul, était de . . . . 67,062 mèt.

Et de Saint-Paul à Rouen 33,000

Longueur totale du Havre à Rouen. 100,062

Le canal devait avoir 20 mètres de largeur au plafond, et 44 mètres au plan de flottaison: son plafond était établi au niveau du busc de l'écluse de la Barre au Havre, c'est-à-dire à 6^m,67 au-dessous des hautes mers de vive-eau; la profondeur de son mouillage était donc fixée à 6 mètres, de sorte que le plan de flottaison était à 0^m,67 en contre-bas des hautes mers de vive-eau, et à 1^m,47 en contre-bas des hautes mers d'équinoxe.

Les ouvrages d'art et les draguages à faire en rivière, de Ducler à Rouen, étaient estimés à la somme de 70,250,000 francs, en sorte que la récapitulation des dépenses s'établissait ainsi :

De Paris à Rouen.	115,000,000 fr.
De Rouen au Havre.	70,000,000
	185,000,000 fr.
Intérêts des fonds pendant la durée des travaux estimés à sept ans. .	30,000,000 fr.
Dépense totale. . . .	215,000,000 fr.
Pour une longueur :	
De Paris à Rouen.	194,549 mèt.
De Rouen au Havre	100,062
Longueur totale. . . .	294,611 mèt.

Ce grand projet du canal maritime du Havre à Paris a été arrêté dans son exécution, d'abord par l'immensité de la dépense, à une époque où les petits capitaux ne savaient pas s'associer pour faire de grandes choses, et aussi par la tourmente révolutionnaire de 1830, qui vint troubler bien des intérêts; puis, après quelques années de repos, la France commença à s'occuper de l'industrie des chemins de fer, et, comme elle était en retard, il fallut qu'elle s'en occupât avec ardeur et à l'exclusion de tous autres travaux publics; les canaux et la navigation en général furent oubliés, et le canal maritime le fut d'autant plus, que les intérêts des Compagnies de chemins de fer rivales contribuèrent à le faire rester au plus profond des archives comme un projet inexécutable.

Mais aujourd'hui, la lumière s'est faite, l'intérêt public réclame, et l'on peut dire hardiment que si jamais il a été permis de balancer dans une entreprise les sacrifices qu'elle commande par les avantages qu'elle procure, c'est surtout dans celle du canal maritime.

« En plus des résultats commerciaux que la France doit se promettre de l'établissement du canal maritime, il faut en ajouter d'autres; nous voulons parler des résultats moraux qui naîtraient nécessairement de l'influence qu'exercerait cette grande création sur les esprits, les mœurs et les inclinations de la France entière. Qui peut douter qu'en mettant ainsi, jusqu'à un certain point, en contact fréquent et immédiat les habitants de sa capitale avec les peuples d'un autre hémisphère, et en les familiarisant avec l'idée des voyages lointains, des relations aussi nouvelles ne contribuassent puissamment au développement, au perfectionnement et par conséquent à la considération et à la splendeur de la marine militaire, qui ne recrute, encore aujourd'hui, la plupart de ses marins que dans les provinces limitrophes de la mer? Un semblable spectacle au milieu d'une cité aussi riche de population que de capitaux, aujourd'hui devenue industrielle, manufacturière et commerçante, par une force de choses qui révèle assez l'avantage de sa position, enfin un spectacle si nouveau au sein d'une ville où siégent les représentants d'un grand peuple, ne pourrait, en étendant les vues au-delà du cercle dans lequel les ont retenues trop longtemps les habitudes d'une existence plus particulièrement agricole, que donner une plus grande extension au commerce étranger, que ranimer et développer le génie des entreprises extérieures, et que réaliser cette pensée d'un grand ministre qui voulait faire de la France l'entrepôt de tout le commerce de l'Europe, en procurant à sa capitale le plus sûr moyen d'action qu'elle puisse exercer sur ce vaste royaume pour l'amener à remplir cette haute destinée. »

Nous partageons complétement cette conviction enthousiaste exprimée si noblement par M. l'inspecteur général Dutens, et c'est sous l'empire de ces grandes idées que nous avons voulu reprendre le projet qui doit les réaliser ; nous nous sommes mis à l'œuvre et après bien des recherches, nous pensons que le canal maritime de Dieppe à Paris est la meilleure voie de la mer à la capitale de la France. Examinons donc ce dernier projet et voyons alors quels avantages il présente sur le canal du Havre à Paris.

Canal maritime de Dieppe à Paris.

Le projet du canal de Dieppe à Paris n'est pas un projet nouveau, car en cherchant dans l'histoire on voit que son utilité n'échappe point à l'œil clair-voyant du maréchal de Vauban.

Depuis, M. le marquis de Crécy s'en occupa vers le milieu du dernier siècle, et après sa mort, Mᵐᵉ de Crécy sa veuve, et M. de Rocheplatte obtinrent, par un arrêté du 20 mars 1780, l'autorisation d'ouvrir ce canal à leurs frais.

Cette autorisation étant restée sans effet, M. Brulée présenta, en 1786, un nouveau projet de canal de Dieppe à Paris, mais en suivant une autre direction.

Vers 1790, M. Lemoyne, maire de Dieppe, qui s'était également occupé de ce canal, fit revivre le projet de M. de Crécy, en y apportant quelques légères modifications.

Enfin, en 1819, après plusieurs tentatives et plusieurs démarches de la part de la ville de Dieppe, de riches propriétaires des départements de la Seine-Inférieure et de l'Oise, ayant manifesté l'intention de se charger, moyennant la concession d'un péage, de l'exécution du canal de Dieppe, en adoptant un système de petite navigation, M. le directeur général des ponts-et-chaussées, par une décision du 29 mai 1819, ordonna qu'il serait procédé à la rédaction d'un projet régulier de ce canal suivant ce système.

Avant de passer à la description du projet dernièrement étudié, il ne sera pas inutile de dire un mot des deux projets auxquels avait donné lieu le canal de Dieppe à Paris, ceux présentés par M. Brulée et par M. Lemoyne.

Par le projet de Mme de Crécy, le canal de Dieppe devait suivre la vallée de la Béthune, par Neufchâtel, Forges, Gournay, Beauvais, et aboutir à l'Oise au-dessous de Creil.

Du reste, on suivait la navigation de l'Oise et de la Seine depuis l'embouchure de ce canal jusqu'à Paris.

Par le projet Brulée, qui, plus complet, comprenait la partie depuis l'Oise jusqu'à Paris en évitant la navigation de l'Oise et de la Seine, le canal suivait la même direction que par le projet précédant depuis Dieppe jusqu'à Gournay : mais, à partir de ce point, au lieu de se porter comme lui sur Beauvais, il se dirigeait sur la ville de Gisors, et après avoir passé par Chaumont, Marquemont et Chars, arrivait à l'Oise au-dessous de Pontoise, près de l'embouchure de la rivière de Viorne. Traversant ensuite à ce point la rivière de l'Oise, il passait au-dessus de Saint-Ouen, ensuite sous Pierrelaye et après avoir projeté un embranchement sur Conflans-Sainte-Honorine, se dirigeait sur Saint-Denis, d'où il poussait une branche vers l'Ourcq, et une autre sur Paris, où il venait se terminer à la Seine dans les fossés de l'arsenal.

Ce projet ayant été renouvelé et présenté à l'assemblée nationale, réveilla les appréhensions de la ville de Beauvais qui, se voyant frustrée du passage du canal sous ses murs, réclama l'exécution de l'ancien projet.

La ville de Beauvais eut d'autant moins de peine à faire revenir à l'ancien projet qu'il avait déjà été approuvé en 1780, et qu'indépendamment des autres avantages qu'il offrait, en présentant un moyen plus direct de communication avec l'est de la France, avantages dont le nouveau projet était entièrement dépourvu, il évitait les nombreux obstacles que ce dernier éprouvait entre le vallon de la Troesne et celui de Chars, obstacles qui avaient paru tellement insurmontables à l'auteur lui-même, qu'il proposait de s'y soustraire en faisant franchir aux bateaux, à sec et au moyen de machines, la montagne et la plaine qui séparent, sur une lieue et demie, ces deux vallons.

A cette époque, un ingénieur, reconnaissant le vice dont était entaché le projet du sieur Brulée, proposa de n'adopter que la première partie de ce projet, depuis Dieppe jusqu'à Gisors, et de gagner de là la Seine, en suivant d'une part l'Epte jusqu'à son embouchure, et en ouvrant de l'autre un embranchement à la Seine immédiatement sous la Roche-Guyon. Mais ce dernier projet, où l'on perdait de vue le but principal du canal de Dieppe à Paris, n'eut pas de suite.

Ce fut dans ces circonstances que M. Lemoyne, maire de Dieppe, fit revivre le projet de Mme de Crécy et de M. de Rocheplatte, auquel il ne fit éprouver que quelques légères modifications; il paraît que, pour prévenir les objections qu'on pouvait élever sur l'inconvénient auquel ce projet n'avait pas remédié, c'est-à-dire l'obligation de suivre la navigation de l'Oise et de la Seine, depuis Creil jusqu'à Paris, pour arriver à cette capitale, il essaya de traverser l'Oise immédiatement après y être entré, et, en pénétrant sur la rive opposée par Saint-Maximin, de passer entre Chantilly et Saint-Firmin, pour, en se retournant au midi, se diriger au-dessus d'Ory, longer Marly-la-Ville, entrer dans la vallée de Goussainville, et après être passé près de Gonesse, se porter sur Sevran, d'où, par un double embranchement, il pouvait se diriger ensuite d'un côté vers la Marne et de l'autre sur Paris.

Enfin, M. Lemoyne, afin de lever tout obstacle de la part de la ville de Rouen, et pour donner à son projet toute la perfection désirable, proposait d'ouvrir de Forges à Rouen un embranchement qui suivrait la vallée de l'Andelle, et après être passé par Vascœuil, Fleury et Romilly, viendrait entrer dans la Seine, vis-à-vis du village d'Oissel, après un cours de 54,155 mètres.

Nous allons voir maintenant les différentes variantes qui ont été étudiées soit pour diminuer l'importance des travaux, soit pour faciliter l'alimentation du bief de partage, — alimentation que l'on demandait aux cours d'eau voisins du tracé ou traversés par lui.

Cet exposé des anciennes combinaisons élucidera la question, et nous servira de jalons pour reconnaître notre route vers le but que nous voulons atteindre, c'est-à-dire *la création d'un canal maritime à grande section.*

Cette première partie, qui commence au port de Dieppe, se dirige par la vallée de la rivière d'Arques, qu'elle suit sur une longueur de 5,000 mètres, et entre ensuite dans celle de la rivière de Béthune, où elle se maintient sur 38,000 mètres de longueur, en passant sous les villages d'Archelles, Saint-Aubin, Saint-Vaust, au-dessus de Bures, et au-dessous de Neufchâtel jusque près de Houden.

Première partie, depuis Dieppe jusqu'à l'Oise.

A partir de ce point, deux directions avaient été proposées par Mme de Crécy et M. de Rocheplatte, et par M. Lemoyne.

Par la première, celle de Mme de Crécy et de M. de Rocheplatte, le canal se portait vers la droite pour passer entre Très-Forêt et Rosières, par Jéricho, Beau-Soleil, ensuite par la Croix-l'Epinay, le Fagel, à environ 2,400 mètres de Forges, puis au-dessus du Fagel, de la Ferté-en-Bray; il se dirigeait ensuite par la forêt de Bray vers la Corbière pour passer sous Dompierre, Bouvreuil, Grimbourd où il traversait l'Epte qu'il longeait en passant sous Saint-Mennevieux, Saint-Clair, par la ville de Gournay, sous Monplaisir et Orsimont, sous Montreuil, par la Fontaine-au-Moutet, la Crapaudière et Luillières, le camp des Taillis, le Bequet et Montguillin, et se reportait au nord, sous Goincourt, pour arriver sous les murs de Beauvais.

La deuxième direction, celle proposée par M. Lemoyne, ne différait que peu de la première, seulement de Rosières le canal passait par Sainte-Ursule et sous Hetrée, au moyen d'une galerie d'environ 3,000 mètres, se rapprochait un peu de Forges, ensuite reprenait au Fagel la première direction pour passer à la Ferté-en-Bray, où, se séparant de cette direction, il continuait par Herbegue, la Chaussée, se rapprochait de la première direction vis-à-vis Dompierre, reprenait la droite pour passer par la Vieuville, Saint-Fiacre et Saint-Clair, où il traversait l'Epte, et passait par Gournay, d'où, se reportant un peu sur la gauche, il s'éloignait de la première direction, qu'il reprenait ensuite à la Fontaine-au-Moutet pour la suivre jusqu'à Beauvais.

Ces deux directions, passant par des marais très-élevés, depuis la Ferté-en-

Bray, sous Saint-Clair, et depuis Gournay jusqu'à Luillières, ont été de nouveau étudiées, et plusieurs nouvelles ont été essayées.

La direction qui se présente au premier abord comme la plus simple est celle qui, longeant par une ligne droite la Béthune et le Thérain, passerait par Trepié, Gaillefontaine, Grumesnil, Canny et Héricourt, continuerait par Songeons, Gaudeville, et passerait sous les Montmilles pour arriver au-dessus de Beauvais; mais si cette direction a l'avantage d'éviter les marais au-dessus et au-dessous de Gournay, elle oblige à établir le canal en galerie souterraine depuis Trepié jusqu'à Héricourt, sur une longueur de 17,000 mètres; et si, en appuyant sur la droite pour passer par Haussez, on peut diviser en deux parties le souterrain qui régnerait sur cette nouvelle direction, on aurait encore néanmoins à établir la navigation sous deux galeries, la première de 1,000 mètres et la seconde de 6,000 mètres de développement, séparées par une partie à ciel ouvert d'environ 3,000 mètres de longueur.

Aucune de ces directions ne paraissant admissible, on a cru convenable de chercher à franchir le point de partage, en suivant une autre route; on ne pouvait, en prenant ce parti, que retomber, du moins en certains points, dans les directions des deux premiers projets.

Si les deux combinaisons qui sont résultées de cette nouvelle tentative n'affranchissent pas de l'inconvénient d'établir le canal en souterrain, du moins elles diminuent cet inconvénient en abrégeant la longueur de ces galeries.

Par la première de ces combinaisons, la ligne du canal suivrait la direction de M. Lemoyne depuis Houden jusqu'à la Ferté-en-Bray (à la seule différence qu'en s'en éloignant vis-à-vis Hetrée, au lieu d'une galerie de 3,000 mètres de longueur on n'en aurait qu'une de 500 mètres). Quittant ensuite cette direction, elle se porterait sur la gauche en se dirigeant par la forêt de Bray, et en suivant le tracé de Mme de Crécy jusqu'à la Corbière, d'où, ayant alors à choisir entre deux directions, on passerait, soit par Vivière et Haussez, soit, en se détournant et allongeant un peu, sous Dompierre, Yancourt et Bazancourt, pour arriver à Héricourt, au moyen d'une galerie souterraine de 6,000 mètres de longueur dans le premier cas, et de 5,000 mètres dans le deuxième; d'Héricourt on reprendrait la vallée du Thérain, et on arriverait par Songeons au-dessus de Beauvais.

Cette dernière direction, au moyen de laquelle on éviterait une tranchée, près du lieu dit le Saumon, et l'on aurait une galerie de 1,000 mètres moins longue qu'en suivant la première direction, étant celle qui paraît devoir être adoptée, il ne resterait plus, s'il en était ainsi, qu'à comparer la direction depuis Houden jusqu'à Beauvais par Songeons, de laquelle elle fait partie, avec celle proposée par M. Lemoyne entre les mêmes points, en passant à Gournay.

Quelle que soit la direction adoptée, le bief de partage, déterminé seulement dans le premier cas, commencerait à Sainte-Ursule, distant de 6,000 mètres de Houden, et se terminerait à Héricourt ; il aurait environ 27,000 mètres de longueur, et serait alimenté, au moyen de trois rigoles, par les sources de la Béthune, dont les eaux seraient prises à Gaillefontaine, par celles des ruisseaux de Menilbourg et de la Cuvée, et plus loin par les eaux de l'Epte, dont ce bief de partage traverserait la vallée.

De même, quelle que soit la direction qui doive être adoptée entre Sainte-Ursule, où commence le bief de partage, et Beauvais, et qui serait par Songeons de 62,000 mètres, et par Gournay de 60,000 mètres, le canal, à partir de Beauvais, passerait au-dessus de Saint-Ouen, de Beaulieu et de Saint-Félix, ensuite par Mouy, puis au-dessus de Merlou, de Cramoisy et de Tiverny, et viendrait aboutir à l'Oise, à 3,000 mètres environ au-dessous de Creil, après un parcours de 37,000 mètres.

La longueur totale du canal serait : par Songeons, de 148,000 mètres, et par Gournay, de 146,000 mètres.

La pente, depuis Dieppe jusqu'au bief de partage, est de 134m,75, et depuis le même bief jusqu'à l'Oise, 72m,08.

En 1820, M. l'ingénieur en chef Viallet fit une étude qui fut examinée en 1821 par une commission composée de MM. Cachin, rapporteur, Gayant, Cahouet, Drappier et Bérigny. En approuvant le projet, qui était fait au double point de vue de la petite et de la grande section, la commission se prononça *pour la grande section*.

Nous empruntons encore à l'ouvrage de M. Dutens, si complet sur ces différentes études, une description succincte du projet de M. Viallet.

Première branche (pages 206, 207).

« Cette branche partirait de l'Oise, au-dessous de Creil, à 6 ou 700 mètres au-dessous de l'embouchure du Thérain, traverserait cette dernière rivière à Mouy, suivrait la rive gauche jusqu'à Beauvais, longerait les boulevards neufs de cette ville, traverserait une seconde fois le Thérain, remonterait l'Avelon jusqu'à sa source, franchirait en souterrain ou en tranchée, sous Béthancourt, le faîte qui sépare le bassin du Thérain de celui de l'Epte, suivrait ensuite la rive gauche de cette rivière, qu'elle traverserait à Gournay, remonterait la rivière des Morues jusqu'à sa source, couperait un second faîte peu élevé, et suivrait la Morelle jusqu'au bief de partage, dans la vallée de la Ferté.

« Cette branche s'étendrait sur une longueur de 83,973 mètres; sa pente, qui est de $95^m,96$, serait rachetée par 37 écluses.

» *Bief de partage.* — Le bief de partage partirait de la vallée de la Ferté, longerait la forêt de Bray jusqu'à l'écluse de flot de Flayel, traverserait le faîte qui sépare les bassins de l'Epte et de l'Andelle, au moyen d'un souterrain de 2,600 mètres de longueur, puis celui qui sépare les vallées de l'Andelle et de la Béthune, au moyen d'un souterrain de 2,860 mètres de longueur, et viendrait aboutir à environ 1,500 mètres au-dessous de l'abbaye de Baubec.

» La longueur du bief de partage abaissé de $2^m,60$, d'après la décision du Conseil des ponts et chaussées, dans la vue d'y amener un plus grand volume d'eau, serait de 13,119 mètres; il pourrait être alimenté par la Béthune, le ruisseau de Beaussault, l'Andelle, les sources de Roncherolles et la Morelle, dont le produit serait de $18,122^m,51$ cubes d'eau par 24 heures, et, s'il était nécessaire, par des eaux des rivières de Thérain et d'Epte, qui y seraient amenées par deux rigoles.

» Les souterrains n'auraient autant de longueur que parce *que dans cette étude on s'imposait la condition de* les faire commencer aux points où les tranchées seraient de 8 mètres de profondeur.

» *Deuxième branche.* — Cette seconde branche, à partir de l'extrémité du bief de partage, suivrait le ruisseau de la Rozière et la rive gauche de la Béthune jusqu'à Saint-Saire, traverserait cette rivière pour se développer le long de la rive droite jusqu'à Saint-Etienne sous Arques, où elle traverserait les trois rivières réunies pour de là se rendre, par le canal déjà ouvert, dans l'arrière-port de la ville de Dieppe. Sa longueur développée serait de 45,645 mètres, et sa pente, de $118^m,98$, serait rachetée par 45 écluses. Les trois derniers mètres seraient répartis sur la longueur totale du dernier bief, pour se raccorder avec ce qui est fait et servir de bassin à toute espèce de bateaux et bâtiments.

» En construisant une écluse de flot vers le pont de pierre du Pollet, on ferait de l'arrière-port un bassin où les bateaux du canal viendraient charger et décharger leurs marchandises, et l'on conduirait la rivière d'Arques à la mer par ce faubourg du Pollet.

» La longueur totale du canal serait de 142,737 mètres, et le nombre des écluses de 82. »

M. l'ingénieur en chef Viallet avait proposé, que l'alimentation du bief de partage se fît au moyen des quatre rivières du Thérain, de la Béthune, de l'Epte et de l'Andelle auxquelles on empruntait 110,000 mètres d'eau par vingt-quatre heures. Un système de rigoles amenait ces eaux au point de partage.

Le conseil général des ponts et chaussées, approuvant *le projet dans son ensemble décida sur pièces justificatives que cet emprunt pouvait être fait sans nuire au débit des rivières, utile à l'industrie.*

Après avoir développé, sans les discuter, les différents tracés étudiés jusqu'à ce jour pour le canal de Paris à Dieppe, posons le programme des obligations que nous impose notre projet, voyons ce que ce programme exclut des anciennes études, et ce qu'il en peut laisser subsister.

Conditions du tracé nouveau.

Notre programme est celui-ci : Canal maritime de Dieppe à Paris, pouvant porter jusqu'à la capitale de la France les vaisseaux marchands de tout tonnage et les vaisseaux de guerre de premier rang. Nous avons adopté, ainsi que nous l'avons déjà expliqué, la section de 22 mètres au plafond et 46 mètres au plan d'eau. Un tel programme nous impose à priori le tracé le plus court de Dieppe à Paris, le profil en long et les profils en travers aussi peu accidentés que possible, le choix du bief de partage le plus bas en altitude, la suppression des traversées souterraines.

En effet, le tracé le plus court est celui qui satisfera le mieux les intérêts de la marine marchande et militaire tout en réduisant le coût des travaux.

Les profils en long et en travers les plus réguliers sont ceux qui rendront moins onéreuse la grande section nécessaire pour le canal. Le choix du bief de partage le plus bas en altitude est celui qui exigera le moins grand nombre d'écluses de montée et de descente, et qui sera dans les meilleures conditions pour l'alimentation.

La suppression des traversées souterraines permettra le passage des navires tout gréés, sans perte de temps pour les démâter à leur entrée dans le canal.

11

Ces quatre conditions posées, que peut-il subsister des anciens projets? Rien, si ce n'est le tracé sur certaines parties, car la section proposée par M. Viallet, même la plus grande, est insuffisante; les longues tranchées et les souterrains doivent s'effacer, et enfin les moyens d'alimentation sont impuissants à fournir les 200,000 mètres cubes d'eau dont nous avons besoin par vingt-quatre heures.

Nous verrons dans le chapitre suivant, comment nous avons pourvu avec une régularité et une certitude indiscutables à une alimentation aussi importante; examinons seulement ici les questions de tracé et d'exécution du canal, et ne nous occupons d'abord que de la première partie comprise entre Dieppe et l'Oise.

Tracé définitif. De tous les tracés étudiés dans cette partie, le plus court est celui de M. Viallet; sa longueur est de 142,737 mètres (nous avons vu que les longueurs des tracés du marquis de Crécy et de M. Lemoyne sont de 148,000 mètres et de 146,000 mètres), l'altitude de son bief de partage est également moindre; 118^m,98 au lieu de 134^m,75 par le tracé de M. Lemoyne.

Nous devions donc nous attacher au tracé de M. Viallet, et d'après les études et nivellements que nous avons faits sur le terrain, nous l'avons modifié de la manière suivante.

Le tracé partant de Dieppe à l'extrémité du bassin de retenue, qui sera utilisé comme nous l'examinerons dans le chapitre V consacré au port de Dieppe, suit la vallée de l'Arques jusqu'au point où les vallées de la Béthune et de l'Eaume viennent se confondre avec la première, et réunir leurs eaux pour ne plus faire qu'une rivière jusqu'à la mer, sur une longueur d'environ 5,000 mètres.

A ce point le tracé entre dans la vallée de la Béthune un peu au-dessous du village d'Arques, il traverse cette rivière qu'il coupe plusieurs fois en montant vers Neufchâtel.

Arrivé à Neufchâtel, le canal laisse cette ville sur sa rive gauche, traverse la Béthune et continue à remonter cette vallée pour franchir le faîte qui sépare la vallée de la Béthune de celle de l'Andelle en passant à Saint-Saire, Houden, la Rosière, jusqu'au bief de partage qui commence sur la commune de Beaubec à 46 kilomètres de Dieppe.

La chute à racheter est de 119,92.

Elle est franchie par 30 écluses.

Le bief de partage se prolonge sur une longueur de 11,110 mètres.

Le point maximum d'élévation se trouve à l'abbaye de Beaubec, ou mieux, en suivant une variante préférée, à la croix de l'Epinay à la cote 154.

Il y a donc en ce point une tranchée de 35 mètres de profondeur, mais cette *altitude maxima ne se prolonge que sur 600 mètres de longueur.*

Sur son parcours le bief de partage traverse la route impériale de Dieppe à Paris, près Forges, non loin de l'établissement des eaux minérales; il franchit la rivière de l'Andelle près du pont aux Moines, et il se termine à une distance de 57 kilomètres de Dieppe, sur la commune de Mésangleville.

A partir de cette extrémité du bief de partage, le tracé descend par la vallée de Bray, suit le cours des petites rivières de la Mésangleville et de la Morette, traverse une seconde fois la route impériale de Dieppe à Paris, près du pont Rouge, suit cette route à peu près parallèlement en restant dans le fond de la vallée le long du ruisseau de la Morette et vient avec lui rencontrer la rivière de l'Epte qu'il traverse à Gournay.

A Gournay, le tracé coupe les dernières maisons de la ville vers le point d'embranchement de la route de Beauvais à Gournay, franchit la route de Rouen à Beauvais, passe sous Ortimont, à Montreuil, et entre dans la vallée de l'Avelon sous Blacourt, près de la source de cette rivière.

En suivant le cours de l'Avelon, le canal passe à la Crapaudière, à la Chapelle-aux-Pots, dans les bois de l'Huyère, dans le bois de Soavre, au champ des Taillis, au Béquet, traverse la route de Gournay à Beauvais sous le Ply près du pont de l'Avelon, passe sous Goincourt sur la rive droite de l'Avelon, et arrive à Beauvais, dans le faubourg Saint-Jean, qu'il suit sur toute sa longueur.

En sortant de Beauvais, le canal se continue parallèlement au chemin de fer dans la vallée de Thérain, en laissant le chemin de fer sur la rive gauche et passant par Villers-sur-Thère, Bruneval, Montreuil, Villers-Saint-Sépulcre, Hermes, Heilles, Mouchy-la-Ville, Mouy, Balagny, Cires-lès-Mello, Maysel, Cramoisy, Tiverny, et enfin arrive à l'Oise à peu de distance de Trossy, environ à 3 kilomètres en aval de Creil, après avoir traversé le chemin de fer du Nord.

Dans tout le parcours de cette première branche, entre Dieppe et l'Oise, le canal ne rencontre d'autre difficulté que la tranchée du bief de partage, mais cette difficulté perd aujourd'hui beaucoup de son importance avec les moyens d'exécution dont on dispose.

Le profil en long, qui ne présente pas de grands accidents de terrain, a permis de disposer les biefs moitié en déblais, moitié en remblais, de manière à compenser les uns par les autres et rendre les terrassements plus faciles et plus écononomiques.

Sur le versant de l'Oise, la longueur est de 81,694 mètres, et la hauteur à racheter de 104 mètres. Cette hauteur est franchie par 26 écluses.

Traversées des routes. Les traversées de routes, chemins, rivières, ruisseaux, etc., sont ménagés au moyen de ponts tournants, de manière à satisfaire tous les intérêts. L'enquête publique, d'ailleurs, réparera les oublis ou les erreurs que nous aurions pu faire dans ces dispositions générales.

Nous ne traversons le chemin de fer du Nord qu'une seule fois, à mi-distance, entre les stations de Boing-Saint-Leu et Creil. Pour obtenir ce résultat, nous nous imposons l'obligation de dépenses importantes pour les traversées de centres d'habitation très-peuplés entre Mouy et Tiverny, et pour le déplacement entre les mêmes points, du chemin de fer que nous projetons de reporter sur la rive gauche du Thérain. Ce déplacement peut se faire sans porter dommage à l'exploitation de ce chemin, et sans en modifier sensiblement la longueur.

Cette traversée se fera au moyen d'un pont tournant du type adopté au pont de Kehl. Des règlements d'administration, l'emploi de signaux mis en mouvement par le pont lui-même dans sa rotation, l'usage d'un télégraphe électrique correspondant avec la station de Creil et celle de Cires-lès-Mello, assureront le passage de ce pont. Il faut, d'ailleurs, remarquer que le mouvement de la navigation sera toujours subordonné au trafic du chemin, et que les vaisseaux devront attendre le moment favorable pour franchir chacun de nos ponts tournants.

Deuxième branche de l'Oise à Paris. Le parcours de l'Oise à Paris forme la seconde branche du tracé. Pour un canal à petite navigation, il ne pouvait y avoir de doute dans le choix de l'emplacement de ce canal. Arrivé à l'Oise, il aurait dû suivre cette rivière, devenue par sa canalisation une voie de navigation facile et sûre; mais pour le canal maritime, il devenait difficile de prendre le lit même de l'Oise : il eut fallu le draguer à de grandes profondeurs sur certains points, l'Oise n'ayant en moyenne que 2 mètres de tirant d'eau, s'exposer à des attérissements, relever le plan d'eau, opérations difficiles à cause de la faible pente de l'Oise, qui n'est que d'environ 0^m,0004 par mètre.

Les mêmes raisons qui nous ont fait rejeter la navigation par la Seine améliorée, en admettant que cette amélioration eut été praticable, nous ont fait rejeter la navigation par l'Oise. Nous sommes encore restés fidèles à ce principe que nous avons posé comme base du canal maritime : que ce dernier devait servir les intérêts de tous, sans nuire aux intérêts regardés souvent à tort comme rivaux.

Après avoir franchi le chemin de fer du Nord, nous traversons l'Oise, en descendant, à l'aide d'une écluse, à un niveau convenable pour ne pas modifier son cours ; nous approfondissons le lit de la rivière, dans le prolongement de notre axe, pour avoir notre tirant d'eau de 8 mètres. Nous remontons ensuite de l'Oise au canal par une écluse de 4 mètres de chute.

Après la traversée de l'Oise, notre canal se développe comme un canal latéral en suivant toute la rive gauche de la rivière, par un seul bief d'une longueur de 37,025 mètres en passant au-dessous de Gouvieux, où il reçoit les égouts des étangs de Chantilly, par la forêt du Lys, par Beaumont, l'île–Adam, Mériel, Méri, Saint-Ouen-l'Aumône, vis-à-vis Pontoise, où il traverse une seconde fois le chemin de fer du Nord.

A partir de Pontoise, le tracé quitte l'Oise, et se dirige parallèlement au chemin de fer, qu'il côtoie souvent à petite distance, par Herblay, Ermont, Saint-Gratien, Ormesson, jusqu'à sa rencontre avec la Seine, près de Saint-Denis.

Après avoir franchi la Seine en ce point, le canal entre dans le port maritime de Paris, qui sera établi dans la plaine de Gennevilliers. Nous consacrerons un chapitre spécial à la description de ce port.

Le bief de partage de cette seconde partie du canal franchit le col peu élevé qui sépare la Seine de l'Oise.

De Pontoise au bief de partage, la distance est de 1,250 mètres, et la hauteur à gravir de 24 mètres. Nous franchissons cette hauteur au moyen de 7 écluses.

La longueur du bief de partage est de 11,754^m,98, son altitude est de 44 mètres.

Ce passage franchi, nous redescendons vers la Seine, sur une distance de 6,527 mètres, et nous rachetons la différence de hauteur par 8 écluses.

L'alimentation de cette seconde branche du canal maritime de l'Oise à Paris sera faite suivant les principes adoptés pour l'alimentation de la première branche de Dieppe à l'Oise. — Nous renvoyons, pour les détails, au chapitre suivant, consacré à cette alimentation.

Un projet de canal à point de partage de Pontoise à Paris avait été étudié en 1824 par M. l'ingénieur en chef d'Astier de la Vigerie : comme tracé, nous nous sommes rencontrés avec cet ingénieur ; la configuration du sol ne peut pas mener dans une autre direction ; nous ne différons que sur le mode d'alimentation.

M. d'Astier de la Vigerie demandait cette alimentation à des ressources naturelles, prises à longues distances de son canal.

Son bief de partage, établi à vingt mètres au-dessous du point culminant, était alimenté, au moyen d'une rigole de vingt-six mille mètres de développement, amenant les eaux de la rivière du Crould, prises au bief du moulin de la Planche, à 1m,368 au-dessus de ce bief de partage, par celles de plusieurs ruisseaux et par deux réservoirs construits, l'un sur le penchant de la forêt de Montmorency, au-dessus du village de Montlignon, l'autre dans la vallée de Sarcelles. Le volume de ces eaux était de 52,382 mètres cubes par jour.

Nous avons préféré nous soustraire à tous ces moyens détournés, qui n'offrent pas une sécurité absolue, et prendre notre eau d'alimentation pour cette partie du canal tout simplement à la Seine, sans nuire à personne et sans contrarier aucun intérêt.

En terminant la description de cette seconde branche du canal de Dieppe à Paris, nous ferons remarquer qu'elle est de la plus haute importance pour la navigation, car elle évite le parcours de l'Oise et de la Seine jusqu'à Paris, dont la longueur est de 129 kilomètres, tandis que celle de l'Oise à Paris, par le canal, sera de 56 kilomètres ; il y a donc économie de temps et de dépenses à suivre ce canal ; nous ne pouvons mieux faire, pour donner une idée de l'économie qu'il procure, que de reproduire ici les appréciations même de M. d'Astier de la Vigerie, établies en 1824 ; elles ont encore bien plus de force aujourd'hui, que la navigation de l'Oise atteint 1,600,000 tonnes par an.

« L'économie que trouverait le commerce à prendre la voie du canal au lieu de continuer à suivre les cours de l'Oise et de la Seine, serait pour 600 bateaux picards et 1,200 bateaux normands qui circulent annuellement sur ces deux rivières entre Pontoise et Paris, de 1,188,512 francs. »

M. d'Astier de la Vigerie estimait alors que, eu égard à la dépense d'établissement montant à 131,000,000 de francs, ce trafic procurerait à la compagnie, qui se rendrait concessionnaire du canal de l'Oise à Paris, un intérêt de 9 %.

En nous résumant, le tracé du canal maritime, tel que nous le proposons, de Dieppe à Paris, se compose ainsi :

Section transversale . . . .
- 46m au plan d'eau.
- 22m au plafond.
- 8m de tirant d'eau.

pouvant porter des navires de guerre de premier rang.

Première branche de Dieppe à l'Oise, longueur 133,648m42
Deuxième branche de l'Oise à Paris, longueur. 56,057m58

Longueur totale. 189,706m00

La dépense totale, ainsi que nous l'avons établie au chapitre VI, est estimée à la somme de 250 millions, y comprises les dépenses du port de Paris, de l'alimentation du canal, intérêts du capital, frais d'administration, etc.

Quels sont maintenant les mêmes éléments pour le canal latéral à la Seine du Havre à Paris, le seul qui puisse être comparé à notre projet ?

Nous avons vu qu'on proposait les suivants :

SECTION TRANSVERSALE.
- 33 mètres et 44 mètres au plan d'eau.
- 18 mètres et 20 mètres au plafond.
- 5m,30 et 6 mètres de tirant d'eau,

pouvant porter des navires de 600 à 650 tonneaux.

Longueur totale. 294,611
Dépense estimée en 1827 et qui serait bien plus considérable aujourd'hui . . . . 215,000,000 de francs.

Sur un tel projet le canal de Dieppe à Paris a donc tous les avantages :

Avec sa section, il ouvre la carrière à tous les intérêts commerciaux et militaires de la France ; il fait de Paris l'entrepôt du continent, un port militaire de premier ordre ayant pour le service de ses arsenaux et de ses chantiers, les bras, l'activité, l'intelligence, les capitaux, toutes les richesses en un mot de la France.

Avec sa longueur réduite, le canal de Dieppe à Paris économise le temps et les dépenses aux navigateurs.

Avantages du port de Dieppe sur le port du Havre.

Enfin, il est utile de faire remarquer les avantages que Dieppe a sur le Havre, comme port maritime.

Le port de Dieppe, autrefois si puissant et si renommé, et depuis si abandonné au profit du Havre, présente cependant sur ce dernier port des avantages évidents.

La rade de Dieppe est plus spacieuse et plus sûre que celle du Havre; l'ancrage des navires s'y fait avec une parfaite sécurité, et il n'y a presque pas d'exemple qu'un navire y ait chassé sur ses ancres, tandis qu'il est loin d'en être ainsi sur la rade du Havre.

Cette rade est très-resserrée entre des côtes bordées d'écueils, la mer y est tourmentée et furieuse au moindre vent, tandis que dans la rade de Dieppe parfaitement abritée, ayant un fond régulier, et entièrement unie dans toute son immense surface, il n'y a pas d'exemple d'abordages des navires entre eux au moment de leur entrée : tous les mouvements s'y font avec la plus grande facilité ; 100 navires pourraient y manœuvrer en même temps sans la moindre confusion ; il suffit d'y jeter un coup-d'œil pour s'en convaincre. Pourrait-on en dire autant de la rade du Havre?

Mais ce qui constitue le véritable avantage, *l'avantage incalculable*, du port de Dieppe sur celui du Havre, c'est la grande supériorité de l'élévation de l'eau, au plein de chaque marée, en faveur de Dieppe.

C'est là un fait incontestable et qu'on persiste cependant à nier, quoiqu'il soit de la dernière évidence; car il suffit, pour le prouver, d'ouvrir l'annuaire *des marées des côtes de France*.

En ouvrant au hasard un annuaire quelconque, celui de 1860, par exemple, il résulte de l'examen du tableau des marées que le lundi 12 mars 1860, tandis que les navires n'avaient que 7^m,60 d'eau au Havre pour entrer au port, ils en avaient à Dieppe 8^m,90; que le 13, ils n'avaient au Havre que 7^m,40, tandis qu'ils avaient à Dieppe 8^m,70, et ainsi de suite. Que dire à cela? Si ce n'est pas là une preuve parfaitement convaincante, nous allons en donner une autre. On lit dans les journaux d'octobre de cette même année 1860 : Le navire *Baltié* se présentait devant le port du Havre pour y entrer en relâche, coulant bas d'eau par suite d'avaries. Le pilote qui monta à bord sur la rade du Havre, ayant demandé au capitaine le tirant d'eau de son navire, lui déclara qu'il ne pourrait entrer au Havre, mais qu'il pourrait peut-être entrer à Dieppe, et, sur cette déclaration formelle, le capitaine se vit forcé, malgré le péril extrême où il se trouvait, de faire voile pour le port de Dieppe, devant lequel il était déjà passé sans s'arrêter, croyant être plus certain d'entrer au Havre.

Il arriva sur la rade de Dieppe au moment de la marée, fut abordé par un pilote du port, qui lui fit prendre immédiatement ses dispositions pour entrer, ce qui eut lieu sans la moindre difficulté, malgré le mauvais temps et la marche difficile d'un navire calant plus de 6m,50 et coulant bas d'eau. Tous ces faits sont consignés dans un procès-verbal, et ont été publiés dans les journaux sans avoir pu être contestés sérieusement par les feuilles du Havre.

Ce navire d'environ 600 tonneaux se présentait au moment où la mer était presqu'au plus bas. On revendique en faveur du Havre une étale au plein de la mer d'environ une heure; cela est vrai, mais pendant cette étale, la mer continue de monter à Dieppe et c'est là un grand avantage, car pendant cette augmentation de la hauteur de l'eau, les navires en profitent pour faire leur entrée.

Il ressort de ces faits authentiques, que le canal maritime aura son origine dans une rade magnifique, spacieuse, bien couverte, exempte de tout écueil, avec un fond offrant les plus grands avantages et la plus parfaite sécurité pour l'ancrage et le stationnement des navires en quantités illimitées, et que la mer, qui remplit cette rade d'une eau presque toujours calme, apporte à chaque marée des hauteurs d'eau supérieures à celles des ports voisins.

Ainsi, le canal maritime, qui aura son entrée à Dieppe, aura aussi comme accès la plus belle rade et la plus grande profondeur d'eau qu'on puisse trouver sur aucun autre point de la Manche.

Tous ces avantages, tous ces grands résultats, seront obtenus pour une dépense relativement moindre que celle qui serait nécessaire pour le canal du Havre à Paris. — Qui donc alors pourrait hésiter entre les deux projets ?

Pour qui n'a pas de parti pris, ne se fait pas l'esclave d'intérêts égoistes, il faut donc suivre la voie du progrès, il faut ouvrir le canal maritime de Dieppe à Paris ;

Avantages du projet adopté, précédant du canal de Dieppe à Paris approuvé en 1822.

ce sera, avec le canal de l'isthme de Suez, la plus belle conquête de nos temps modernes.

Nous avons déjà dit que le Conseil général des ponts et chaussées approuvait en 1822, le canal à petite section entre Dieppe et Paris, suivant un tracé presque identique à celui que nous avons adopté.

Depuis 1822 qu'y a-t-il de changé sur ce terrain? Rien, les besoins généraux, le commerce, l'industrie ont, il est vrai, grandi ; le projet de canal doit recevoir la même impulsion ; le tracé approuvé en 1822, le sera aussi en 1863, nous n'en doutons pas, car les procédés d'exécution aujourd'hui mis en pratique dans tous les travaux publics, le système d'alimentation que nous proposons, le rendent plus exécutable et plus sûr qu'en 1822, tout grand qu'il soit.

Toutes les traversées doivent se faire *par dessus* le canal.

Ponts pour la traversée des routes et chemins.

Ce premier principe posé, un seul système de pont par dessus était admissible pour permettre la navigation des grands navires à haute mâture, c'est celui des *ponts tournants*.

Nous avons donc prévu toutes nos traversées de routes, chemins ordinaires, chemins de fer, suivant ce système, et pour ne rien laisser au doute dans l'emploi de ce genre de construction, nous avons adopté des types connus, en pleine voie de fonctionnement.

Ainsi, pour les *routes et chemins ordinaires*, nous avons adopté le type du pont tournant établi à Dunkerque, par M. l'ingénieur Plocq, franchissant d'une seule volée une ouverture égale à celle de nos écluses, et donnant passage dans le port, à une fréquentation de voitures et de piétons plus importante qu'elle ne peut l'être sur aucune de nos routes, même voisines de Paris.

Pour faire passer *les chemins de fer* sur le canal, nous avons adopté le type du pont tournant établi sur chacune des rives française et allemande, aux deux extrémités du pont de Kehl. Les ingénieuses dispositions de ce pont tournant en rendent l'usage très-facile.

Nous pensons qu'il est inutile de donner ici une description de ces deux ponts tournants pour routes et pour chemins de fer, puisqu'ils ont déjà été approuvés par le Conseil général des ponts et chaussées, et qu'ils sont sanctionnés par l'expérience. Nos dessins en reproduisent les principales dispositions, qui ont servi de base ainsi que les formules posées par MM. les ingénieurs Plocq et Fleur de Saint-Denis, pour les calculs de résistances et pour l'estimation de la dépense.

En appliquant à notre avant-projet les chiffres de dépenses faites pour des ponts de plus grande importance que ceux que nous aurons à construire, nous sommes certains de ne pas encourir le reproche d'avoir réduit les estimations.

Le système d'écluses que nous proposons dans cet avant-projet est celui usité partout, jusqu'à ce jour, sur les canaux ordinaires comme dans les ports de mer. Ces écluses, quant à présent du moins, n'ont de particulier que leurs grandes dimensions, nécessitées par l'importance des navires qu'elles devront recevoir.

Elles ont 120 mètres de longueur sur 20 mètres de largeur, la chute est en général de 4 mètres. Nous avons projeté les bajoyers entièrement en maçonnerie; peut-être en exécution pourra-t-on économiser un cube important, en ne faisant en maçonnerie que les deux têtes d'amont et d'aval recevant les portes, le restant de l'écluse étant exécuté avec des talus revêtus d'une couche de béton ou de ciment.

Les portes sont métalliques en fonte et tôle, comme il y en a tant aujourd'hui. L'alimentation se fait par des ventelles calculées de manière à avoir le débit convenable pour racheter la chute en six minutes. Au besoin, on pourrait aider ces ventelles par des aqueducs ménagés dans la maçonnerie des bajoyers, fermés par des vannes, et communiquant avec le bief inférieur et le bief supérieur, suivant les nécessités de la manœuvre de l'écluse.

Nous porterons en exécution notre attention sur le système de portes étudié en 1844 par M. Roche, pour les grands bassins à flot destinés à recevoir les navires transatlantiques. Ce système consiste à composer la porte de vantaux creux en tôle rendus étanches comme des chaudières à vapeur. Ces vantaux ont l'avantage de peser d'autant moins sur leurs suspensions, que le volume d'eau qu'ils déplacent est plus rapproché de leur poid spécifique; ils peuvent être mis à flot et menés sur la berge en cas de réparation. On peut descendre facilement dans l'intérieur d'un vantail.

Nous ne nous arrêterons pas davantage ici sur le système de construction de nos écluses.

A ces écluses s'attachait une autre considération bien plus grave que celle de la construction, c'est celle de l'alimentation.

Écluses : leurs formes et leurs dimensions.

Nous devions, en effet songer, pour des écluses qui consomment 9,600^m par éclusées, aux moyens de réduire le volume d'eau dépensé.

Aussi avons nous longuement passé en revue tous les systèmes proposés, depuis le système des écluses à double sas accolés latéralement, jusqu'aux systèmes plus ingénieux de MM. Girard, Caligny, Seiler, etc., et même jusqu'aux écluses à sas mobiles accolés latéralement, proposées et établies en Angleterre, à Taunton, pour une chute de 7^m,31 de hauteur, les sas ayant 48^m,92 de longueur et 2^m,50 de largeur.

De tous ces systèmes, aucun ne nous a paru offrir assez de sécurité pour l'exploitation d'un canal, dont toutes les parties doivent être combinées pour éviter un chômage. Presque tous, notamment les systèmes de MM. Caligny, Seiler, ainsi que le système anglais, s'appuient sur le jeu de combinaisons mécaniques, qui sont sujettes à détérioration, et par suite à des temps d'arrêt d'autant plus à craindre, que nos écluses sont plus grandes ; nous ne pouvions donc pas nous risquer dans ces combinaisons hasardées.

Le système qui nous a le plus séduits, et que nous regrettons fort de ne pas voir sanctionné par la pratique, est celui de M. Girard, si bien décrit et si justement approuvé devant l'Académie des sciences par M. Poncelet.

Ce système, dont la base est le fonctionnement continu d'un siphon en communication avec des réservoirs de niveau différent, une fois qu'il est amorcé, doit arriver à des résultats certains, tant il est vrai et simple dans son principe.

Nous n'en proposons pas pour le moment l'application, mais nous nous réservons de l'expérimenter.

Abandonnant donc tout ce qui n'est pas entièrement et pratiquement certain, il ne nous reste plus pour économiser la dépense de nos écluses, que de nous servir du système des doubles sas accolés latéralement. — Les deux sas accolés sont mis en communication par une vanne au moyen de laquelle, lorsqu'un sas est rempli pour le passage d'un navire, on verse la moitié de l'eau dans le second sas, le volume restant est la seule dépense pour le passage du premier bateau, et le second sas peut donner passage à un second bateau, au moyen d'un demi remplissage. — Il y a donc économie de la moitié de la dépense d'eau. — Mais il y a augmentation du coût de construction; toutefois, en ne faisant les sas que comme des tranchées dont les talus seraient revêtus, nous pourrons réduire notablement cette augmentation.

En adoptant ce système d'écluses à doubles sas accolés latéralement, si, d'un côté, on augmente la dépense des frais de premier établissement, de l'autre, on a l'avantage précieux de réduire la dépense journalière.

Nous ferons d'ailleurs remarquer que le système d'écluses accolées que nous proposons se compose d'une grande écluse qui servira seulement pour le passage des grands navires, et d'une petite dont les dimensions sont 50 mètres de longueur 13 mètres de largeur et 6 mètres de profondeur, qui est destinée au passage des navires de faible tonnage. Dans ce système les grandes écluses serviront de réservoirs aux petites.

Les siphons sont destinés à faire passer sous le canal les rivières ou cours d'eau dont on ne pourra pas interrompre ou détourner le cours. *Siphons sous le canal.*

Ils seront construits en maçonnerie, ou en tuyaux métalliques

Nous avons fait l'estimation de la dépense relative à ces ouvrages d'art, d'après les types figurés dans les dessins qui accompagnent le projet. Leurs dispositions ne méritent aucune description spéciale.

Ces siphons sont au nombre de 28.

Il sera nécessaire, dans certaines parties du canal de revêtir la cuvette d'une *Revêtements.* certaine épaisseur de perrés maçonnés, ou d'une couche de bétons hydrauliques afin d'éviter les pertes d'eau par infiltration. Nous n'hésiterons pas à recourir à ce moyen toutes les fois qu'il sera nécessaire, car les pertes de chaque jour en eau élevée pour l'alimentation, seraient bien plus considérables que l'intérêt d'une dépense utile de premier établissement.

Nous ne prévoyons cependant pas être souvent dans l'obligation d'avoir recours aux revêtements.

La nature géologique des terrains traversés par le canal nous fait supposer que ce sera entre le commencement du bief de partage de l'Oise à Paris, c'est-à-dire sur les 17 derniers kilomètres avant l'arrivée à Paris, que nous devons faire des revêtements; là nous traversons des couches calcaires fendillées, et des couches sablonneuses, et nous aurions à craindre des pertes d'eau importantes. Mais si nous sommes obligés de faire des revêtements dans cette partie du canal, nous aurons heureusement le remède à côté du mal; car de nos tranchées nous extrairons la pierre et le sable nécessaires. De Dieppe au bief de partage de la Béthune, dans la traversée de ce bief et entre ce bief et l'Oise, nous traversons des terrains très-aquifères, dans lesquels, par les temps les plus secs, on trouve partout l'eau à la surface du sol. Il est donc très-probable que l'infiltration viendra des terres vers le canal, et nous fournira de l'eau plutôt qu'elle nous en enlèvera.

Il en sera de même dans les vallées du Thérain et de l'Oise. Dans ces conditions, il ne nous restera, selon toute apparence, qu'à parer aux difficultés que pourront présenter le bief de partage de l'Oise à la vallée de la Seine.

En résumant les dernières parties de ce chapitre, nous trouvons un ensemble de travaux qui se compose de 68 écluses d'une chute de 4 mètres ;

28 siphons sous le canal ;

48 déversoirs de superficie.

CHAPITRE III

DE L'ALIMENTATION DU CANAL ET DU PORT DE PARIS.

CHAPITRE III

DE L'ALIMENTATION DU CANAL ET DU PORT DE PARIS.

Nous avons déjà dit que l'établissement du canal maritime de Dieppe à Paris repose sur deux principes dont l'application sur une vaste échelle est devenue possible depuis quelques années, grâce aux perfectionnements de la mécanique et de la science des constructions. Voici le premier principe : emploi presque exclusif de puissantes machines pour alimenter les deux biefs de partage, les eaux étant puisées dans la Seine et dans la Béthune inférieure sur des points où cet emprunt ne peut nuire à aucun intérêt et devient insensible, grâce au volume que débitent ces deux rivières. En effet, dans les plus *basses eaux* nous n'empruntons pas à la Seine, à l'aval de Paris, *la quarantième* partie de son volume, et, en moyenne, à peine *la centième partie*. Ce faible prélèvement ne peut avoir aucune influence sensible sur la hauteur des eaux, ainsi qu'il est bien facile de le prouver. Sur la Béthune, nous n'empruntons que la cinquième partie de cette rivière en un point peu éloigné de la mer, *et à l'aval de toutes les usines existantes.*

Le second principe sur lequel repose la construction du canal est la possibilité de revêtir la cuvette de bétons imperméables avec une dépense modérée, et de se défendre ainsi sur tous les points douteux, de ces filtrations redoutables, qui ont tant nui au régime des anciens canaux.

Il est bien évident toutefois que nos moyens mécaniques d'alimentation ne devront marcher que pendant les deux tiers de l'année au plus, car, de novembre en mai, les nombreux cours d'eau que nous rencontrons pourront nous fournir des

Principe général de l'alimentation du canal maritime.

eaux sans nuire aux usagers actuels ; *cependant, pour éviter toute objection, nous n'avons pas tenu compte dans nos calculs de cette circonstance importante, et nous avons raisonné comme si nos machines devaient marcher pendant toute l'année,* ne comptant sur les cours d'eau que pour effectuer le premier remplissage du canal.

Le volume d'eau pour le premier remplissage est de 51,404,947 mètres cubes, soit 52 millions de mètres cubes. Nous demanderons donc ce volume d'eau aux sources naturelles et aux divers cours d'eau, rencontrés par le canal, ainsi qu'aux moyens artificiels, s'il le faut. Nous choisirons les époques où les cours d'eau pourront nous donner le plus fort volume, de manière à faire ce remplissage dans les meilleures conditions, et à ne causer aucun dommage aux usines.

Là n'est pas la difficulté.

Toute l'existence du canal est attachée à une alimentation, qui suffise à tous les besoins de l'exploitation pendant les basses eaux, époque pendant laquelle nous ne voulons rien emprunter aux cours d'eau, qui sont alors entièrement absorbés par le service des usines.

Quels sont donc les moyens à employer pour assurer cette alimentation ?

Avant de les chercher, nous avons dû nous rendre compte de la quantité d'eau nécessaire pour suffire au trafic probable dans chaque partie du canal.

Ce canal, comme nous l'avons dit, se divise en trois sections :

La première, comprise entre le bassin de retenue de Dieppe et l'écluse N° 1, sera de niveau avec la mer et alimentée par les marées ;

La deuxième, de l'écluse N° 1 à la traversée de l'Oise, près de Creil, comprend le bief de partage de Forges ;

La troisième, de la traversée de l'Oise à la traversée de la Seine, comprend le bief de partage d'Herblay ;

A ces trois sections, s'ajoute le port de Paris, dont nous nous occuperons en dernier lieu.

D'après les prévisions justifiées au chapitre Iᵉʳ, le trafic qui parcourra le canal dans les deux sens, entre l'écluse N° 1 et la traversée de l'Oise, s'élèvera, dès les premières années, à un tonnage annuel de 2 millions de tonnes, soit 6,000 tonnes par jour.

Calcul du volume d'eau nécessaire pour l'alimentation de la première section de Dieppe à l'Oise.

Ces 2 millions de tonnes se subdivisent ainsi :

Grande navigation et cabotage à l'importation. . . . . . . 1,250,000 tonnes.

—   —   à l'exportation. 750,000

Total . . . . : . 2,000,000

Soit environ :   4,000 tonnes par jour à l'importation.
Et.   2,000   —   à l'exportation.

Total   6,000 tonnes.

Nous avons déjà dit au chapitre Ier que nos grandes écluses, pourront contenir à la fois trois à quatre navires d'un tonnage total de 1,000 tonnes. Le service devra être organisé de manière à ce que les navires marchent par convois, et qu'une même éclusée puisse servir à la montée et à la descente, soit au passage d'au moins 1,000 tonnes dans chaque direction.

Les grands bateaux de navigation, les petits navires, le cabotage, devront passer par les petites écluses.

Il résultera de ces dispositions réglementaires, faciles à combiner et à assurer, au moyen de l'usage du télégraphe électrique, communiquant avec les différents biefs, que 6,000 tonnes, passant par vingt-quatre heures au point de partage (3,000 tonnes dans chaque sens), ne consommeront que 6 éclusées, 3 de montée et 3 de descente ; soit, à 9,600 mètres cubes par éclusée, 57,600 mètres cubes, ou, en nombre rond, 60,000 mètres cubes par jour. Si à ce chiffre nous ajoutons : 1° les pertes par évaporation dans tous les biefs, estimées à 24,456 mètres cubes pour une surface d'eau de 6,114,000 mètres carrés (1) ; 2° les pertes par filtration, estimées à 48,912 mètres cubes (2) ; 3° les pertes par les portes des écluses, comptées à 1,120 mètres cubes par jour pour 56 écluses, nous arrivons à une consommation de 134,488 mètres cubes d'eau par jour, ou de 1 mètre 55 par seconde, pour le passage de 6,000 tonnes entre Dieppe et l'Oise.

Ce *cube de* 1 *mètre* 55 *par seconde est bien suffisant,* pour le passage des 2 millions

(1) Soit à raison de 0,004 par 24 heures, défalcation faite de la hauteur moyenne des pluies.
(2) De Dieppe à l'Oise, le canal est presque toujours au fond des vallées, et il recevra par les écoulements naturels plus d'eau qu'il n'est susceptible d'en perdre ; le terrain est d'ailleurs partout favorable.

de tonnes prévues, d'après les documents officiels, entre Dieppe et l'Oise, et réparties également dans toute l'année et dans les deux sens ; mais la navigation ne pourrait être astreinte à une marche aussi régulière.

Pour tenir compte de cette circonstance, nous admettrons que la plus grande circulation journalière, peut s'élever aux cinq centièmes de la circulation annuelle (1), soit à 10,000 tonnes par jour, soit 5,000 tonnes dans chaque sens ; il faudra alors que le bief de partage fournisse 5 éclusées de montée, 5 éclusées de descente, soit 10 éclusées, soit 96,000 mètres cubes d'eau pour ces éclusées seulement.

En ajoutant à ces 96,000 mètres cubes toutes les pertes par évaporation, infiltratrations et portes d'écluses, nous arrivons à une consommation d'eau de 170,488 mètres cubes par jour, soit 2 mètres cubes par seconde.

En adoptant ce cube d'alimentation de 2 mètres par seconde, nous avons les moyens de suffire largement à un trafic variant de 6 à 10,000 tonnes dans un jour ; nous devons alors admettre qu'il est *plus que suffisant* pour l'alimentation de la section du canal comprise entre Dieppe et l'Oise.

Nous ferons remarquer, d'ailleurs, que dans cette partie du canal les pertes par infiltrations, que nous avons estimées à 48,000 mètres cubes par jour, seront presque nulles ; les terrains traversés, vu leur constitution géologique, nous apporteront de l'eau plutôt qu'ils n'en absorberont.

Calcul du volume d'eau nécessaire pour l'alimentation de la deuxième section de l'Oise à Paris.

Le trafic du canal, dans cette partie, devra se composer, ainsi que nous l'avons expliqué au chapitre Ier :

1° De 2 millions de tonnes provenant de la batellerie du Nord, qui seront forcément acquises au canal par une diminution de parcours, entre Creil et Paris, de 73 kilomètres :

2° Des 2 millions de tonnes parcourant tout le canal, entre Dieppe et Paris, dans les deux sens, soit, en totalité, 4 millions de tonnes par an, ou environ 12,000 tonnes par jour.

Ces 12,000 tonnes, passant au bief de partage qui sépare l'Oise de la Seine, peuvent, d'après les documents officiels, se décomposer ainsi en chiffres *maxima :*

(1) Cette formule résulte d'études pratiques faites sur l'exploitation des canaux.

$$\left.\begin{array}{l}\text{8,000 tonnes allant sur Paris} \\ \text{4,000 tonnes venant de Paris}\end{array}\right\} \text{ par jour.}$$

Cette répartition admise, nous ne devons compter la consommation d'eau au bief de partage que pour les 8,000 tonnes allant sur Paris, puisque les 4,000 venant de Paris profiteront des mêmes éclusées.

Ces 8,000 tonnes consommeront 16 éclusées, soit 153,600 mètres cubes, plus les pertes par évaporation sur une surface d'eau de 2,578,000 mètres carrés, calculées à 10,312 mètres cubes, plus encore les pertes par filtration et par les portes d'écluses, comptées à 20,624 mètres cubes, soit, consommation totale, 184,636 mètres cubes par jour.

Cette consommation d'eau sera évidemment diminuée par les travaux de revêtement du canal, qui empêcheront les pertes d'eau. Néanmoins, nous avons cru devoir porter le chiffre de l'alimentation à 2 mètres 50 par seconde, ce qui représente, réduction faite du cube d'eau nécessaire pour remplacer les pertes, une alimentation de 185,000 mètres cubes pouvant suffire à 19 éclusées, soit 9,500 tonnes allant sur Paris, et en même temps 9,500 tonnes venant de Paris; en totalité, 19,000 tonnes dans un jour, chiffre bien supérieur à toutes nos prévisions.

Nous devons donc admettre, en toute sécurité, que l'alimentation, comptée à 2 mètres 50 par seconde, sur cette deuxième section, est plus que suffisante pour répondre aux nécessités du trafic actuel, et permettra de pourvoir à tous les besoins d'une augmentation importante du mouvement commercial.

Nous sommes d'autant plus fondés à l'affirmer que nous avons établi nos calculs, dans les circonstances les plus défavorables. C'est ainsi que nous avons supposé que toute la navigation devait passer par les grandes écluses; or, il n'en sera pas ainsi. Une partie de la navigation, consistant en navires de faible tonnage, passera par les petites écluses qui ne consommeront chacune que 3900 mètres cubes d'eau, pour livrer passage à 600 tonnes, c'est-à-dire presque 2|3 d'eau en moins, pour une diminution de 2|5 seulement sur le tonnage.

Enfin, ne devons-nous pas ajouter, que les volumes débités ou reçus par les petites écluses, lors du passage des navires, sont en partie reçus ou fournis par les grandes auxquelles elles sont accolées, et qui leur serviront de réservoirs; il y aura donc dans ce système d'échange une économie considérable dans la consommation d'eau.

Maintenant comment nous procurerons-nous ce volume d'eau?

Notre première pensée fut de le demander aux ressources naturelles; mais toutes les rivières au cours d'eau sur lesquelles nous pouvions prélever un tribut au profit du canal, ne nous donnaient que des ressources insuffisantes.

Pour la section de Dieppe à l'Oise, M. l'ingénieur Viallet, a en effet constaté en 1820, par les jaugeages les plus exacts et les enquêtes les plus minutieuses, que les rivières de la Béthune, de l'Andelle, de l'Epte, du Thérain et du Petit-Thérain, en réunissant leurs affluents, ne pouvaient amener au bief de partage en vingt-quatre heures, qu'un volume de 110,069 mètres cubes, c'est-à-dire moitié de celui qui nous est nécessaire. Encore ce volume ne pouvait-il être conduit qu'au moyen de rigoles, de viaducs, de souterrains devant coûter des sommes importantes, et pouvant perdre, sur la distance à parcourir, une partie des eaux empruntées aux rivières.

En outre, depuis 1820, de nouvelles usines ont été montées, et aujourd'hui, le volume annoncé par M. l'ingénieur Viallet, ne serait plus disponible, si l'on veut ne porter dommages à aucun intérêt.

Il fallait donc trouver des auxiliaires aux rivières du bassin de la Béthune.

Nous eûmes alors la pensée de créer dans la vallée de Gaillefontaine, où coule la Béthune, un réservoir pouvant fournir l'eau que nous ne pouvions prendre à ces rivières. Ce réservoir eût été créé en barrant la vallée de Gaillefontaine, près Saint-Saire. Mais nous avons abandonné cette idée, lorsque nous avons pu établir les dépenses auxquelles il entraînait, et surtout lorsque nous avons été à même d'apprécier la perturbation profonde qu'il jettait dans toute une contrée, aujourd'hui très-fertile et très-peuplée.

De tous côtés on se heurtait donc contre des difficultés pour ainsi dire invincibles; nous nous sommes rappelés alors M. l'ingénieur Brisson, disant en 1829 : *Le canal de Dieppe à Paris, s'il existait un moyen de l'alimenter, serait la voie la plus courte de la mer à cette capitale.*

Heureusement nous possédons aujourd'hui ce moyen infaillible d'alimentation créé par le perfectionnement et l'économie apportés depuis trente ans dans l'emploi des grands appareils à vapeur. Ces appareils dont il eût été déraisonnable de proposer l'emploi, du temps de Brisson, sont devenus aujourd'hui le moyen le plus simple, le plus économique et le plus certain pour alimenter un canal tel que celui de Dieppe à Paris.

Ce n'est donc plus dans les régions élevées des canaux qu'il faut maintenant chercher ces moyens certains d'alimentation, mais dans les grandes rivières où l'on peut puiser sans inconvénient les volumes nécessaires.

Alimenter les canaux par en bas, au lieu de les alimenter par le haut, baser léur exploitation non sur des sources ou des réservoirs toujours incertains dans leurs effets, mais sur le jeu de machines puissantes *et sûres dont la dépense est toujours proportionnelle au trafic :* telle est la révolution profonde, inévitable, que les grands perfectionnements apportés dans les machines à vapeur, sont venus apporter dans la construction et l'exploitation de ces voies de communication.

Le moment est venu de réaliser cette révolution qui ouvre aux canaux une carrière toute nouvelle

Ne voyons-nous pas aujourd'hui, en Hollande, en Belgique, en Angleterre, en France les grandes machines élévatoires, servir à l'épuisement des lacs et des mines, à la distribution des eaux dans les grandes villes, rendant des services immenses, impossibles sans elles, marchant avec une exactitude et une régularité que l'on ne peut demander à des moyens naturels toujours variables? Aussi sommes-nous bien convaincus que dans l'avenir, l'emploi de puissantes machines à vapeur ou hydrauliques constitue le meilleur système d'alimentation pour les canaux. A cet égard notre conviction est profonde; elle s'appuie sur de grands exemples, sur une pratique consommée, sur une expérience personnelle.

Les machines qui alimentent la distribution d'eau de la ville de Lyon, dont l'installation est due à l'un de nous, M. Aristide Dumont, et la construction à l'usine du Creusot, fonctionnent depuis six ans, sans que jamais il y ait eu un instant d'arrêt, et avec une économie remarquable.

Mais, pour le canal de Dieppe à Paris, où devaient puiser nos machines?

Evidemment ce n'est pas aux rivières de la Béthune, de l'Epte, de l'Andelle et du Thérain, qui d'après M. Viallet, ne peuvent fournir au maximum que 110,069 mètres cubes, par 24 heures; il fallait que ces machines empruntassent l'eau à des rivières, dont le débit dépasse de beaucoup le volume qui pourrait leur être demandé.

Or du côté de Dieppe, nous trouvons à 5 kilomètres de cette ville, sous Arques, les 3 rivières, de l'Eaune, de la Béthune et de l'Arques, réunies en une seule, et débitant au moins 10 *mètres cubes d'eau par seconde en basses eaux. De leur point de réunion jusqu'à Dieppe, elles ne fournissent plus rien aux usines, elles divaguent dans les prairies jusqu'au bassin de retenu des chasses. Nous pouvons donc nous en emparer, leur prendre 2 mètres 50, par seconde sur ces 10 mètres cubes qu'elles débitent, sans faire tort à aucun intérêt, sans rien déranger à l'état existant, et conserver encore la possibilité d'augmenter notre prise d'eau, si cela devenait nécessaire.*

Il faut même ajouter que cet emprunt, n'est que momentané, car une partie de ce volume reviendra repasser au point de prise d'eau après être descendu du bief de partage.

Nous proposons donc, pour alimenter le bief de partage de Forges, de prendre sur les eaux réunies de l'Eaune, de la Béthune et de l'Arques, un volume de 2 mètres 50, par seconde, d'élever ce volume à une hauteur de 120 mètres 26, et de le conduire par une rigole en maçonnerie de 51 kilomètres de longueur, jusqu'au bief de partage. Nous donnerons tout à l'heure la description de cette prise d'eau et les détails de son établissement.

Pour alimenter le bief de partage entre l'Oise et la Seine, nous emprunterons de même à la Seine, à Herblay les 2 mètres par seconde, dont nous avons besoin. Ce volume est insignifiant pour le fleuve, qui, en étiage à Herblay, débite 75 mètres, par seconde. D'ailleurs il lui sera rendu, en partie, par le mouvement des navires descendant du bief de partage à la Seine.

En prenant ainsi l'eau de la Seine, à Herblay, nous ne faisons tort à aucun intérêt.

Ce fait capital étant admis, voici maintenant quelques détails sur nos prises d'eau.

Prise d'eau de la Béthune, à Saint-Aubin-le-Cauf, près Dieppe.

Rigole d'alimentation. — L'eau sera élevée de la cote 16 mètres 03 cent. à la cote 136^m,29, pour être reçue dans une rigole étanche en forme de cuvette. Cette rigole, qui commence sur le plateau de Saint-Nicolas d'Aliermont, se continuera sur une longueur de 51,108 mètres, avec une pente de 0,13 par kilomètre, c'est-à-dire.

que la cote du fond de la cuvette, à l'origine de la rigole, étant 134 mètres 63, la cote à l'arrivée au bief de partage sera 128 mètres et le niveau de l'eau à 129 mètres 66. L'eau, au bief de partage étant à la cote 127^m,92, celle de la rigole se déversera naturellement dans ce bief.

La rigole pourra débiter 2 mètres 50 par seconde avec une vitesse de 0 mètre 57, la section transversale étant de 4 mètres 37, et le périmètre mouillé de 5 mètres.

Nous avons adopté pour cette rigole une section transversale demi–circulaire. Comme il est indispensable de la construire en maçonnerie pour éviter toutes les pertes d'eau, cette forme a l'avantage de réduire le cube de ces maçonneries.

Sur son parcours, la rigole d'alimentation comptera 45,600 mètres en partie découverte :

2,538 mètres en 8 viaducs, dont les longueurs sont : 96^m,20, 447^m,20, 352^m,70, 136^m,70, 487^m,70, 231^m,20, 366^m,20, 420 mètres.

3 tunnels, dont les longueurs sont : 1,430 mètres, 1,020 mètres, 520 mètres, soit, pour les trois, 2,970 mètres.

La rigole mesure, par mètre courant de partie { Déblais. . . . . . 6^m,03
découverte, un cube de. . . . . { Maçonnerie . . . . 3^m,48

Par mètre courant de viaduc, avec une hauteur moyenne de 7 mètres, un cube de 21 mètres 30 de maçonnerie ;

Par mètre courant de tunnel, un cube de 5,80 de maçonnerie et 17,80 de déblais.

De ces dimensions il résulte, d'après nos estimations, une dépense de 110 fr. par mètre courant.

Bien qu'il résulte des calculs précédents qu'un volume de 2 mètres cubes d'eau par seconde sera suffisant pour l'exploitation du canal de l'Oise à Dieppe, nous avons supposé dans nos frais de premier établissement qu'on pourrait puiser à la Béthune jusqu'à 2^m,50 par seconde. Les tuyaux de refoulement qui amèneront l'eau à la rigole auront 1 mètre de diamètre; on établiera cinq conduites distinctes, de manière à suffire à l'alimentation régulière, et à se garantir contre les accidents.

La longueur de chaque conduite sera de 2,200 mètres, et la longueur totale des tuyaux de 11,000 mètres.

Machines élévatoires de la Béthune. — Nous avons vu que les eaux devaient être

14

élevées à 120^m,26. Le cube à élever par seconde étant de 2 mètres 50, ou 2,500 litres, la force à développer sera $\frac{2,500 \text{ kilog.} \times 120.26}{75} = 4,033$ chevaux vapeur, soit 6,000 chevaux vapeur avec toutes les pertes largement calculées. Cette puissance sera créée par douze machines de 500 chevaux ; deux machines de rechange de même force seront montées pour suffire aux cas imprévus ; soit en tout 14 machines ; le système adopté est analogue à celui déjà étudié pour l'élévation des eaux de la Seine par M. Aristide Dumont.

Pour la prise d'eau de la Béthune la dépense d'établissement de ces machines est estimée sur les bases suivantes :

6,000 chevaux à 1,400 francs	8,400,000 fr.
Bâtiment des machines.	1,000,000
Id. des chaudières.	800,000
Frais imprévus et divers.	800,000
Total.	11,000,000

Si, à ce chiffre nous ajoutons la rigole d'alimentation et les tuyaux de refoulement, nous arrivons à une dépense de premier établissement et en nombre rond de 18 millions, pour le système d'alimentation du canal entre Dieppe et l'Oise.

Le prix de revient du mètre cube d'eau élevé au point de partage de Forges ne sera pas supérieur à trois centimes (1).

Pour l'alimentation du canal entre l'Oise et la Seine, la prise d'eau d'Herblay sera établie suivant le même système que la prise d'eau de la Béthune.

Prise d'eau de la Seine à Herblay.

Le volume d'eau à fournir est de 2^m,5 par seconde ; cette eau devra être élevée de la cote 19 mètres à la cote 52^m, 97, soit 34 mètres. De ce point elle se rendra au bief de partage par une rigole souterrraine.

(1) Voici le calcl de ce prix de revient :

4,033 chevaux de force, consommeront à raison de 2 kilog. 50 de charbon par heure et par force de cheval, 240 tonnes de charbon par jour ou par an, 87,600 tonnes à 24 fr. la tonne . . 2,102,400 fr.

Personnel, entretien, graissage et réparation 280,000

Total. 2.382.400

Soit pour les machines en nombre rond 2,400.000

Pour un cube élevé de 2^m,50 par seconde, soit par jour 216,000 mètres cubes, soit par année 78,840,000 mètres cubes ou 3 centimes par mètre cube en nombre rond.

Les machines élévatoires auront à développer une force égale à : $\dfrac{2,500 \text{ kilog.} \times 34 \text{ m.}}{75}$

$= 1,133$ chevaux, soit avec les pertes 4 machines de 400 chevaux, plus une de secours ; en tout, 5 machines. D'où il résulte :

Dépense d'établissement de l'usine d'Herblay :

Machines, pompes, 2,000 chevaux × 1,400. =.		2,800,000 fr.
Bâtiments des machines		600,000
— des chaudières.		400,000
Frais imprévus et divers		300,000
Dépense totale.		4,180,000

Cinq tuyaux de 1 mètre de diamètre et de 40 mètres de longueur, formant ensemble une longueur totale de 200 mètres, serviront au refoulement des eaux ; quatre tuyaux pouvant suffire au service, le cinquième restera pour les cas d'accidents.

La rigole d'alimentation d'Herblay a une longueur totale de 3,620 mètres ; elle est établie tout entière en tunnel, dont la section transversale, le périmètre mouillé et la pente longitudinale sont, comme pour la rigole de la Béthune :

Rigole d'alimentation d'Herblay.

Section transversale de.	4m,37	
Le périmètre mouillé.	5m,00	
Pente longitudinale.	0m,13 par kilomètre.	
Vitesse par seconde.	0m,57	—

De ces données principales, il résulte que les dépenses d'établissement de la prise d'eau d'Herblay s'élèveront en nombre rond à la somme de six millions.

1,133 chevaux consommant 2 kilog. 50 de charbon par cheval et par heure, dépenseront par heure 2,875 kilog., qui, comptés à 24 fr. les 1,000 kilog., coûteront par heure 69 fr., c'est-à-dire par an. . . . . 604,440 fr.

Prix de revient du mètre cube d'eau élevé à Herblay.

Personnel. 50,000

Entretien, graissage, réparations. 40,000

Total. 694,440

soit une dépense annuelle de 700,000 fr. en nombre rond.

Le cube d'eau à élever par an étant de 78,840,000 mètres cubes, chaque mètre cube coûtera 0 fr.009 en nombre rond

En terminant cette énumération de nos dépenses pour l'alimentation du canal proprement dit, il est utile de faire remarquer que tous nos calculs se basent sur ce point de départ ; *que toute l'eau consommée pour l'alimentation, devra être fournie par les machines élévatoires.*

Il est certain qu'il n'en sera pas ainsi. Car il y a un grand nombre de cours d'eau que le canal coupe à leur embouchure dans la Seine, l'Oise, le Thérain, l'Epte, l'Avelon, la Béthune. A certaines époques de l'année, nous pourrons jeter une partie de ces cours d'eau dans le canal.

Il y a d'autres cours d'eau auxquels, après une étude approfondie des intérêts privés, nous pourrons emprunter une partie de leur débit, lorsqu'ils seront coupés par le canal.

Il en résultera qu'en réalité nos machines élévatoires que nous avons supposées fonctionnant sans arrêt pendant les 365 jours *de l'année, ne marcheront probablement que pendant les deux tiers de l'année,* c'est-à-dire d'avril en décembre, au plus.

Alimentation du port de Paris.

Le port de Paris sera rempli en partie par les grandes crues de la Seine qui élèvent chaque année son niveau à la cote 27m et même 28.

Le plafond du port étant à la cote 24, la Seine pourra fournir 3 à 4 mètres de hauteur d'eau pour le premier remplissage par un simple écoulement du niveau. Le complément des 8 mètres sera fourni par des machines élévatoires destinées à l'alimentation du port.

Le mouvement du port de Paris devant être, par jour, de 12,000 tonnes, ainsi qu'il résulte du trafic du canal ; savoir : 8,000 à l'importation et 4,000 à l'exportation. Pour nous placer dans le cas le plus défavorable : nous supposerons que le mouvement du port soit de 12,000 tonnes à l'importation, ce qui pourrait représenter un mouvement journalier de 24,000 tonnes dans les deux sens, entre Dieppe et Paris.

Ces 12,000 tonnes consommeront 12 éclusées, soit 115,200 mètres d'eau par jour ; il faut ajouter 15,000 mètres cubes pour les pertes.

Le volume journalier à fournir sera donc de 130,000 mètres ou 1 mètre 50 par seconde.

La hauteur d'élévation des eaux sera de la cote 22, à la cote 32 (niveau de l'eau dans le port), soit de 10 mètres.

Le travail à développer par les machines sera donc de 200 chevaux.

Ces 200 chevaux seront répartis entre 2 machines; une troisième machine sera montée pour parer aux accidents.

Dans ces circonstances, la dépense d'établissement des machines du port de Paris, seraau plus de 1,500,000, fr., tout compris.

200 chevaux en marche, consommant 2 kilog. 50 de charbon par cheval et par heure, dépenseront par heure 500 kilog. de charbon.

500 kilog. de charbon à 30 fr. les 1,000 kilog. coûteront 15 fr.; la dépense journalière en charbon sera donc de 360 fr. et la dépense annuelle de   131,400 fr.

Personnel, entretien, graissage et réparations.   48,600

Prix de revient du mètre cube d'eau, pour l'alimentation du port de Paris.

Total.   180,000

Les machines devront élever 130,000 mètres cubes d'eau par jour, soit 47,450,000 mètres cubes par an. Le prix du mètre cube d'eau, pris à la Seine et élevé au niveau des bassins, sera donc de moins de 1/2 centime en nombre rond.

Nous ferons remarquer que la prise d'eau à la Seine a l'avantage de ne nuire à aucun intérêt, et pas même à la Seine, puisque l'eau prise en amont du port sera rendue à l'aval.

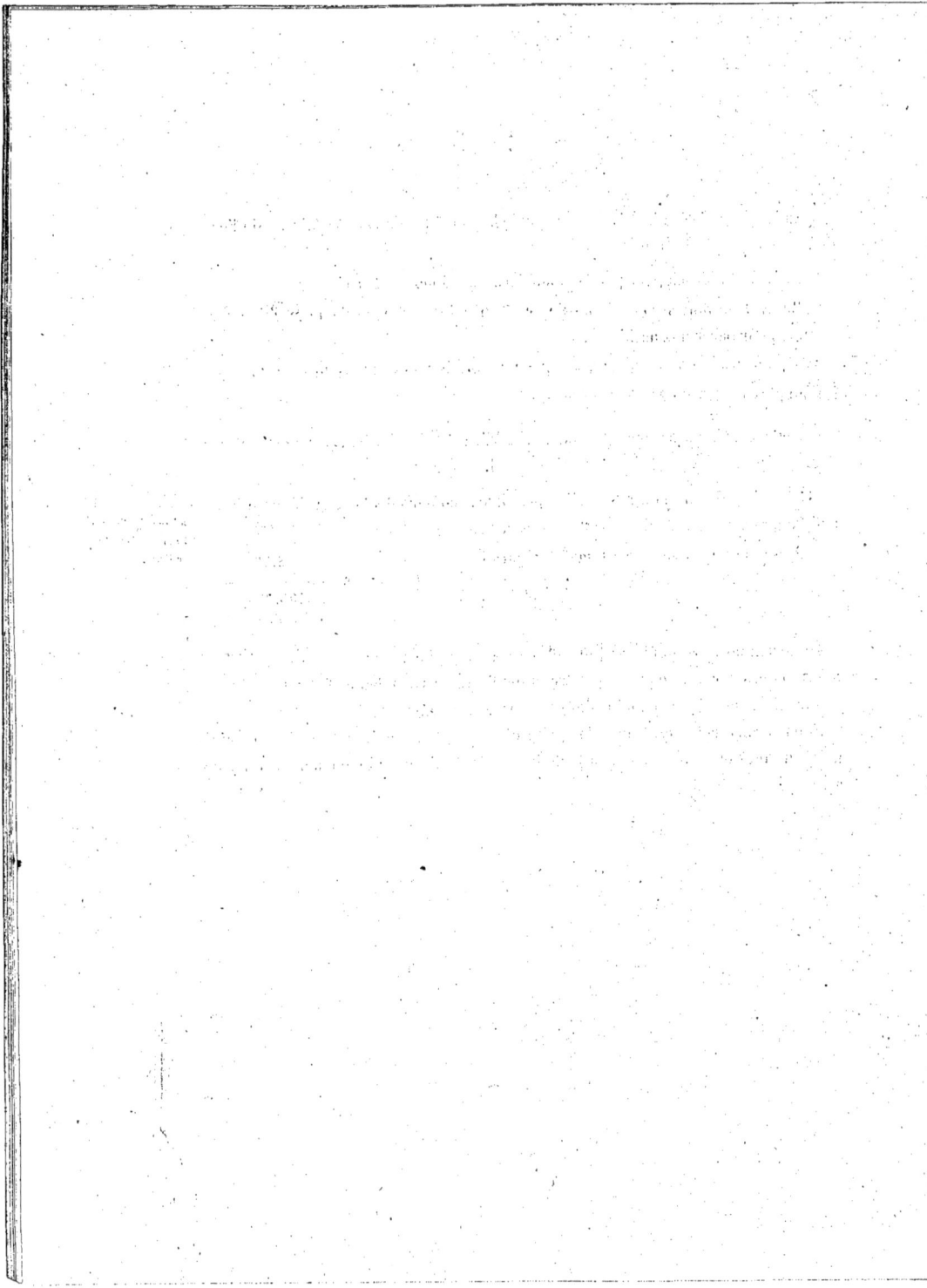

CHAPITRE IV

PORT DE PARIS ET SES ACCÈS

CHAPITRE IV

Le port de Paris sera établi dans la plaine de *Gennevilliers*. Il sera relié à *l'Arc de Triomphe de l'Étoile* par une grande voie de 40 *mètres de largeur*, qui après avoir traversé *les Ternes, l'avenue de la Porte Maillot à Saint-Denis, Clichy-la-Garenne* franchira la Seine sur un pont destiné en même temps à porter le chemin de fer réunissant le port maritime au chemin de fer de ceinture, se continuera dans toute la largeur de la plaine de Gennevilliers, longeant le port maritime, franchira une seconde fois la Seine au-dessous d'Epinay où elle rejoindra la route impériale n° 14 du Havre à Paris, près d'Ormesson et d'Enghien.

Surface et dispositions générales du port de Paris.

Le port sera en outre desservi : 1° *Par la navigation de la Seine*, qui à Saint-Denis reçoit la batellerie du canal Saint-Denis et du canal de l'Ourcq ;

2° *Par un réseau de chemin de fer* qui parcourra tous les quais du port et se reliera avec le chemin de fer de ceinture de Paris.

Le port occupera, en quais et bassins, une surface de 270 hectares, ainsi décomposés :

Surface totale des quais	173 hectares.
Surface totale des bassins	97 —
Surface totale du port	270

Cette surface est supérieure à celle occupée par les Docks de Londres dont voici les dispositions :

15

	Surface d'eau.	Surface des enceintes.
Docks Sainte-Catherine	39,400 mètres carrés	9 hect. 10
— dits de Londres	49,122 —	28 — »
— des Indes-Occidentales	360,454 —	56 — »
— des Indes-Orientales	117,756 —	12 — 60
— du Commerce	233,832 —	28 — »
Totaux	800,564 mètres carrés	133 hect. 70

Surface totale des Docks de Londres . . . . . 213 hectares.

La superficie des bassins pourra donner lieu à une réunion de navires supérieure aux besoins; dans les ports on compte qu'un hectare peut contenir huit grands navires; il pourra donc tenir dans le port de Paris, en réservant 1[5 pour le passage des navires, au moins 500 grands bâtiments.

Le port se divisera en un grand bassin principal, sur lequel aboutiront tous les quais et trois bassins intérieurs.

Ce grand bassin aura 2,400 mètres de longueur et 300 mètres de largeur.

Chacun des bassins et des quais intérieurs aura une largeur de 200 mètres.

Ces dimensions sont calculées pour suffire au grand mouvement de marchandises que doit présenter le port de Paris.

Les quais seront couverts de docks pour l'emmagasinage des marchandises. Ces docks seront disposés de manière à être desservis par le chemin de fer qui se développera tout autour des bassins, et par des voies perpendiculaires à la voie principale qui pénétreront sous les bâtiments.

La surface des docks sera de 30 hectares ; cette surface a été calculée à raison d'un emmagasinage de 500,000 tonnes par an et de 1,500 tonnes par hectare. Les quais seront garnis des grues hydrauliques et appareils de toute sorte, nécessaires au déchargement des navires ; ces dispositions seront prises d'ailleurs, pour satisfaire à tous les besoins du commerce, dans les conditions les plus économiques.

Le port de Paris sera, comme nous l'avons dit, alimenté par les eaux de la Seine montées jusqu'au niveau des bassins par des machines à vapeur, en quantités correspondantes aux entrées et aux sorties des navires.

Ces eaux retourneront à la Seine, par les deux écluses de sortie; ce mouvement continu servira au nettoyage du port, qui d'ailleurs renouvellera entièrement le cube d'eau qui le remplit six fois par an; car le cube d'eau contenue dansles bassins étant de 7,760,000 mètres, la sortie journalière étant estimée à 163,000 mètres, le port se sera renouvelé entièrement en $\frac{7,760,000}{130,000} = 59$ soit 60 jours. Ce même temps serait également nécessaire pour le remplir une première fois, si l'on n'avait pas à profiter d'abord de l'écoulement de niveau provenant de la Seine; cet écoulement donnera au moins la moitié du volume nécessaire, en utilisant une époque où les crues portent la Seine jusqu'à la cote de 27 ou 28 mètres; le remplissage total pourra donc être fait en moins d'un mois.

L'entrée du port est commandée par deux écluses de 4m,36 de chute chacune, rachetant la différence de hauteur entre le niveau de la Seine à l'étiage et le niveau de l'eau dans les bassins.

Avant de prendre ces écluses, un navire quittant la dernière écluse du canal, traversera la Seine qui aura été draguée transversalement à la cote 23m,28—8=15m,28, afin de présenter dans sa traversée la hauteur d'eau constante de 8 mètres; il entrera ensuite dans une gare qui facilitera les manœuvres d'entrée, et remontera aux bassins, de la cote 23m,28 à la cote 32, par les deux écluses d'entrée. La manœuvre contraire se fera pour la descente d'un navire.

Du niveau de la Seine, (cote 23m,28) le navire remontera au niveau du canal qui est à la cote 38 par quatre écluses de 3m,63 de chute.

Les écluses en Seine, pour le port et pour le canal, seront disposées pour agir selon les crues de la Seine, avec doubles portes à buscs opposés.

Tout cet ensemble d'écluses, de quais, de bassins, de docks, d'appareils de chargement et de déchargement, se complète, comme nous l'avons dit, d'un chemin de fer, qui desservira toutes les parties du port, et le mettra en communication avec toutes les gares de chemin de fer, et enfin d'un pont sur la Seine qui sera la jonction avec la nouvelle ville maritime de Paris.

Pont sur la Seine et chemin de fer de raccordement.

Ce pont sera situé entre la rive gauche de la Seine près Saint-Ouen et la plaine de Gennevilliers.

La largeur de la Seine, mesurée suivant l'axe de la grande avenue qui coupe la rivière, sous un angle de 53° 44', est de 184^m,60 entre les berges; mesurée perpendiculairement à l'axe de la rivière, cette largeur est de 148^m,84.

La cote d'étiage est de 23^m,28.

La cote des plus hautes eaux de navigation est 28^m,441.

La cote des plus hautes eaux connues est 31^m,471.

La cote du chemin de halage est 28^m,923.

En adoptant, pour la cote du niveau du rail sur le pont, la cote 33 mètres, soit à 1 mètre au-dessus de celle du rail circulaire des quais du port, nous aurons entre ce niveau et l'étiage une différence de 9^m,72, et entre ce niveau du rail et les hautes eaux de navigation, une différence de 4^m,56.

Ayant à nous mouvoir au-dessous de la cote 33, il a fallu, pour conserver à la navigation des hauteurs suffisantes, rejeter pour le pont le système des arcs en maçonnerie.

Ce principe étant posé, nous avons adopté la disposition qui appartient au type connu sous le nom de *bow-string*, qui a été employé au chemin de fer de Caen à Cherbourg pour la traversée des rivières de l'Orne, près Caen, et de la Vire, près Isigny, ainsi que sur l'Escaut, à Audenarde, pour le chemin de fer de Hainaut et Flandres, par M. Auguste Dallot, et dans bien d'autres points, en Angleterre, par Brunel, qui est l'inventeur du système.

Le caractère du *bow-string* s'explique par les considérations suivantes :

Dans une poutre droite métallique, pleine ou à treillis, l'âme n'est pas destinée uniquement à maintenir à une distance invariable les parties supérieure et inférieure sur lesquelles s'exerce principalement l'effort de flexion. Son rôle essentiel, dans le travail de l'ensemble, consiste à équilibrer, par l'intermédiaire de l'effort tranchant, les forces contraires qui sollicitent les extrémités de chaque section. Il en résulte que l'âme est soumise à une compression croissant en sens inverse des moments fléchissants, c'est-à-dire depuis le milieu jusqu'aux appuis. Dans le *bow-string*, au contraire, l'arc et le tirant qui correspondent aux semelles de la poutre droite, étant intimement liés à leurs extrémités et comme encastrés l'un dans l'autre, les efforts de sens contraires qui les sollicitent s'équilibrent d'eux-mêmes à leurs points d'attache. Les pièces qui les réunissent aux points intermédiaires servent donc uniquement à transmettre à l'arc le poids du tablier, et ne sont soumises à des efforts de traction que dans le sens de leur longueur. Le sens de l'effort n'est pas seul changé ; il est en outre essentiellement modifié dans son intensité et sa répartition. Dans le *bow-string*, le poids du tablier se partage uniformément entre toutes les pièces des tympans, qui sont complétement assimilables aux tiges d'un pont suspendu. La compression de l'âme d'une poutre droite est concentrée dans la région des appuis où elle atteint *le poids d'une demi-travée*. Brunel, en inventant le bow-string, a donc voulu simplifier et améliorer une transmission d'efforts en résolvant un problème d'égale résistance.

Nous avons donc préféré ce système à celui des poutres droites, parce qu'il permet de plus grandes portées entre les points d'appui, tout en augmentant les conditions de stabilité. M. l'ingénieur Auguste Dallot, dans un mémoire sur la construction du pont de l'Escaut à Audenarde, pour le chemin de fer de Hainaut et Flandres, inséré dans le *Recueil des comptes rendus des travaux de la Société des ingénieurs civils* (numéro du premier trimestre 1862), a établi d'une manière certaine, par les considérations théoriques et les calculs mathématiques les plus précis, la théorie complète du système de pont appelé *bow-string*, et en a fait ressortir tous les avantages sur les poutres droites ou sur les arcs métalliques faisant fonction de voûtes.

Nous avons extrait de ce remarquable mémoire les formules qui nous ont servi aux calculs du pont dont nous présentons le projet.

Le pont à construire sur la Seine, entre Saint-Ouen et la plaine de Gennevilliers, se compose de quatre fermes en tôle et fer, formant trois travées.

La travée du milieu est destinée à recevoir le chemin de fer qui reliera le port au chemin de fer de ceinture de Paris. Les deux autres travées sont destinées au passage des voitures (une pour l'aller et l'autre pour le retour). Deux passages extérieurs, accrochés aux travées de rive sur des consoles en encorbeillement, serviront pour les piétons. Chacune des fermes est formée d'un arc dont les deux extrémités sont reliées par une poutre droite, faisant office de tirant. La voie du chemin de fer et la chaussée de la route seront supportées directement par les tirants qui transmettent la charge aux arcs, auxquels ils sont suspendus par un système de barres verticales et de croix de Saint-André. Les arcs sont reliés entre eux à la partie supérieure par un contreventement destiné à s'opposer au déversement des fermes, et à donner de la rigidité à l'ensemble de la construction.

Tablier. — Le tablier se compose de la manière suivante :

Les quatre tirants sont reliés par des pièces de pont placées à l'aplomb des tiges de suspension verticale.

Elles sont réunies entre elles par des entretoises placées, pour les parties en chaussées, dans l'axe de la chaussée, et, pour la partie centrale réservée au chemin de fer, dans l'axe des rails.

Les vides des cadres ainsi formés sont remplis par de petites voûtes en briques, dont les retombées sont reçues, au moyen de coussinets en pierres, par les nervures inférieures des entretoises, et les ailes de cornières rivées à cet effet le long des tirants.

Ces voûtes ont une épaisseur de $0^m,22$, et une ouverture variable, suivant qu'elles se trouvent sous les parties en chaussée ou sous le chemin de fer qui occupe la travée du milieu.

Elles sont recouvertes d'une chape en ciment de $0^m,03$ d'épaisseur, et munies de gargouilles en fonte pour l'écoulement des eaux.

Le ballast couvre le pont sur une épaisseur de $0^m,50$ au sommet des voûtes, et de $0^m,55$ aux retombées.

La voie est posée sur longrines noyées dans le ballast, percées à l'aplomb des entretoises et réunies à chaque pièce de pont par des équerres boulonnées sur ces pièces. Toutes ces diverses parties forment un ensemble solidaire très-favorable à la répartition uniforme de la charge, et, par suite, à la stabilité du pont.

Une fois le système du bow-string adopté, nous avons été conduits à diviser en quatre parties égales l'espace à franchir pour la traversée de la Seine, de manière à n'avoir que trois piles en rivière.

L'ouverture entre les piles sera donc, suivant le biais, de $46^m,15$.

L'intrados des arcs a donc $46^m,15$ de corde. — La flèche se compose de la travée nécessaire au passage des trains, soit. . . . . $4^m,55$

La hauteur des tirants est de. . . . . $1^m,00$

L'épaisseur de l'arc à la clef. . . . . $0^m,45$

Ce qui donne, pour la hauteur totale des ermes. . . . . . 6 mètres jusqu'au-dessous du contreventement.

Le rail est au niveau du dessus du tirant, qui sera, par conséquent, à la cote

33 mètres, et la distance entre le rail et le dessous du contreventement sera de 5 mètres.

L'écartement des deux fermes qui comprennent le chemin de fer est de 4 mètres d'axe en axe des fermes.

1^m,50 pour la voie.

1^m,25 pour chaque accotement entre l'axe du rail et l'axe de la ferme.

L'écartement des deux fermes qui comprennent les chaussées empierrées est de 5 mètres entre les axes des fermes.

La somme de ces dimensions donne au pont une largeur totale de 14 mètres, à laquelle il faut ajouter les passages en encorbeillements extérieurs réservés aux piétons, qui ont chacun 1 mètre de largeur.

Nous estimons ces dimensions suffisantes pour la circulation sur le pont, puisque nous avons pour les voitures et les piétons une largeur totale de 12 mètres, et que la circulation dans chaque sens est complétement séparée l'une de l'autre.

Nous connaissons maintenant, les principales dispositions du port de Paris et du canal. N'est-il pas permis après cet exposé d'espérer les plus brillantes destinées pour ce grand projet qui représente une aspiration vraiment nationale, et constitue une opération commerciale des plus fécondes. Si notre affirmation n'est pas suffisante, croyons-en l'un des hommes qui se sont acquis dans la science économique, l'autorité la plus justement méritée, M. Say qui en parlant *de l'entrepôt de Paris* dans un écrit portant pour titre des *canaux de navigation*, et imprimé en 1818 disait :

« Si l'on venait à prouver que les ports de mer eux-mêmes doivent retirer un profit de toutes les » facilités accordées au commerce en général ; si l'on venait à considérer Paris comme une position cen- » trale, où les marchandises étrangères peuvent arriver avec facilité, et ensuite, par de belles routes, par » une navigation encore trop imparfaite, mais susceptible de grands accroissements, se distribuer avec la » même aisance et dans la province et chez les nations du centre de l'Europe ; si l'on parvenait à com- » prendre que les capitaux qui se trouvent amoncelés dans la capitale, seraient par là susceptibles de » procurer à l'esprit d'entreprise de nouveaux moyens de spéculation ; alors peut-être la question de l'en- » trepôt de Paris se déciderait-elle affirmativement. Nos canaux, dans ce cas, amèneraient avec profusion » à nos portes, des denrées coloniales plus légères, puisqu'elles ne seraient pas encore grevées du fardeau » de l'impôt.

» Il n'y a rien de chimérique, ajoute M. Say, dans ces espérances, rien qui ne soit excédé par les » travaux que nous admirons chez nos voisins, rien que cinq à six années de volonté ferme ne puissent » réaliser chez nous. *Défions-nous de la timidité et de l'esprit de routine. Trop de gens, qui ne savent rien*

» faire, ont le déplorable talent de nuire à qui veut faire. Leur esprit, stérile pour trouver des moyens d'exécu-
» tion, est fécond en objections et riche en obstacles. Ne les imitons pas. Osons encourager et sachons
» honorer les bons citoyens qui ne craignent pas de mettre en avant leur fortune et leur travaux pour nous
» faire jouir de ces éléments de prospérité que j'ai trop imparfaitement décrits, et nous serons dignes à notre
» tour d'être imités par d'autres.

    » Je me souviens, continue le même auteur, qu'étant à Glascow, un ami me conduisit dans les fau-
» bourgs de la ville, du côté du nord. Nous prîmes un chemin qui montait. Après quelques circuits, et
» continuant toujours à monter, je levai les yeux par hasard, et fus surpris d'apercevoir, au sommet de la
» colline, une forêt de mâts. Je crus que c'était une illusion ; et quand on m'eut affirmé que véritablement
» c'était un port, et que ce que je voyais sur cette colline étaient bien réellement des navires qui venaient
» de traverser l'Océan, je m'imaginai qu'on voulait abuser de ma crédulité. Nous continuâmes notre
» route, et, à force de monter, nous arrivâmes au bord de l'eau. Là, je vis en effet le canal qui, au travers
» de l'Ecosse, joint les deux mers ; je vis de nombreux navires, des magasins, des charpentiers de vais-
» seaux, des matelots, tout ce qu'on voit dans un port de mer. Dès lors je n'ai cru à l'impossibilité de rien
» dans ce genre. »

    Ce peu de lignes de M. Say, confirme ce que nous avons dit sur les avantages qui doivent ressortir pour la France de l'extension de son commerce extérieur favorisé par le port de Paris ; ce sont de beaux encouragements, des promesses faites assurément pour convaincre les plus incrédules ; mais ne peut-on pas ajouter que l'utilité d'un tel projet ne s'arrête pas à la satisfaction d'intérêts commerciaux ; qu'il nous montre la France maritime fortement assise à Paris, se développant côte à côte avec la France militaire, pour devenir sur mer comme sur terre, et pour le monde entier, la grande nation imposant à la fois le respect, l'admiration et la crainte. Ce rêve, le projet donne les moyens de l'accomplir en quelques années. Le canal de Dieppe à Paris sera en effet construit pour porter les plus grands navires de guerre ; il les amènera toutes voiles dehors, pavillons flottants, au port de Paris, à côté du port marchand.

    Les vaisseaux trouveront dans le port des chantiers de construction, des cales de radoubs, des arsenaux, des ateliers de machines, etc.; tout ce que peuvent produire le génie, le dévouement, l'activité, la richesse de Paris.

    N'est-ce pas là pour la France un avenir devant lequel pâlissent les intérêts mesquins de rivalités déchues par avance ? Richesse et puissance de la France, voilà les résultats du port de Paris, réuni à la mer par le canal de Dieppe. Aussi regardons-nous comme une certitude absolue, comme une nécessité même de notre époque, que le port se fasse.

Ce port de Paris se fera donc sous la protection d'un Gouvernement, qui a su ouvrir la voie aux grandes entreprises d'utilité publique; il se fera sous l'égide protectrice de l'Empereur, dont le génie, aussi bien inspiré que fécond, verra dans le projet de Paris port de mer un auxiliaire puissant à l'accomplissement des grandes destinées qu'il prépare chaque jour à la France.

En terminant le chapitre relatif au port de Paris nous devons faire observer que l'établissement de ce port ne change absolument rien au régime du fleuve; le port est en effet entièrement indépendant de ce dernier dont les niveaux restent ce qu'ils sont actuellement; nous n'apportons donc aucune perturbation ni à la navigation fluviale, ni au régime des égouts dans l'intérieur de la ville de Paris. Placé dans une plaine aujourd'hui isolée, le port, tout en ajoutant à la splendeur de la capitale, ne modifie en rien l'état des voies publiques. Cette considération importante nous vaudra, nous l'espérons, l'approbation de M. le préfet de la Seine, cet habile et grand administrateur qui, depuis quelques années, réussit si merveilleusement à faire de Paris une ville splendide et nouvelle.

CHAPITRE V

PORT DE DIEPPE, ÉTAT ACTUEL ET TRAVAUX A EXÉCUTER DANS CE PORT.

CHAPITRE V

CHAPITRE V

Nous avons fait connaître quelle était l'importance du port de Dieppe comme rade maritime ; on doit ajouter, à tous ces avantages naturels, ceux que l'art permet de créer, afin que les navigateurs puissent toujours trouver dans ce port une entrée facile et sûre.

Pour atteindre ce but, nous nous sommes proposés de rendre l'entrée du port de Dieppe accessible à tous les navires avec un tirant d'eau de 8 mètres dans les pleines mers de morte-eau, cotées à Dieppe à 7^m,12 au-dessus du zéro des cartes marines (dont le plan est à 11^m,97 en contre-bas du pavage de l'écluse du vieux bassin), et qui donnent :

Dans le vieux bassin, une hauteur d'eau de 5^m,00.
Dans le nouveau bassin,   dito. . . 5^m,30.
Dans l'avant-port. . . . . 3^m,40 le long des quais.
          Dito. . . . . 5^m,80 dans la cuvette qui conduit du chenal aux bassins.
A l'entrée du chenal. . . . . 6^m,92.
A l'entrée de l'avant-port. . . . . . 6^m,15.

Pour obtenir le tirant d'eau de 8 mètres à l'entrée et dans le chenal jusqu'à l'entrée de l'avant-port, il faut donc approfondir ce chenal de 1^m,08 à son entrée, et de 1^m,85 à l'entrée de l'avant-port, soit 1^m,50 en moyenne sur une longueur d'environ 600 mètres et une largeur de 20 mètres.

Une fois arrivés à l'entrée de l'avant-port, nous évitons les établissements maritimes de Dieppe, auxquels nous ne voulons apporter aucune modification, et le tracé, qui doit relier le chenal avec le canal de Dieppe à Paris, se détourne vers la falaise qu'il écorne, traverse les maisons du Pollet, pour déboucher dans le bassin de retenue des Chasses, coupe les abattoirs, laissant à sa droite l'église et le presbytère et la maison d'asile.

Cette traversée se fait sans dommages pour le Pollet, et n'offre d'autres difficultés que celles d'une tranchée profonde.

Arrivé dans le bassin de retenue des Chasses, le tracé suivra la rive du côté de la falaise, que nous appellerons la rive gauche par rapport au canal ; ce bassin sera approfondi également à 8 mètres en contre-bas du niveau des mortes-eaux.

Cette tranchée se continuera à la même profondeur jusqu'à l'écluse n° 1 du canal, située à 1,850 mètres de l'extrémité du bassin de retenue des Chasses.

Par cette disposition, la mer viendra battre cette écluse n° 1, y amènera les navires ; ce sera là l'entrée proprement dite du canal maritime.

Avant d'arriver à cette entrée, le chenal, que nous pourrons appeler *chenal de Dieppe prolongé*, trouve sur sa gauche, vers le quatrième kilomètre, à partir de l'extrémité du bassin de retenue des Chasses, une petite vallée secondaire, au fond de laquelle est presque caché le village de Saint-Martin-Eglise.

Cette vallée, abritée de tous les vents par une ligne de côteaux très-élevés, est admirablement disposée pour l'établissement d'un port de refuge et de ravitaillement, où un vaisseau de ligne battu par un gros temps, une flotte maltraitée par l'ennemi, pourraient se retirer en toute sécurité. Une flotte pourrait aussi en sortir pour attaquer une flotte ennemie qui croiserait dans les eaux de Dieppe.

La hauteur des coteaux parallèles à la mer ne permettrait pas aux canons ennemis d'atteindre les vaisseaux cachés dans cette crique.

C'est dans la prévision de la création ultérieure de ce port que nous avons prolongé notre chenal jusqu'après la vallée de Saint-Martin, afin que les vaisseaux puissent y arriver à pleines voiles, sans avoir aucune écluse à monter.

Nous signalons ce port à l'attention du Gouvernement et du pays comme un complément indispensable au point de vue militaire du canal maritime de Dieppe à Paris ; on ne trouvera nulle part dans la Manche un asile plus sûr.

Pour compléter la description des travaux que nous projettons pour l'amélioration du port de Dieppe, il nous reste à indiquer le prolongement du brise-lames en mer, jusqu'à la distance nécessaire pour conserver la profondeur de 8 mètres au-dessous des mers de morte-eau.

Pour atteindre ce but, nous aurons à prolonger chaque brise-lames de 250 mètres en mer, soit en tout 500 mètres.

On pourrait adopter pour l'exécution de ce travail, de préférence à des brise-lames en maçonnerie qui demanderaient beaucoup d'argent et de temps, le système employé aujourd'hui en Angleterre dans certains ports de mer, des *brise-lames métalliques*.

Ces brise-lames se composent :

1o De pieux en fer, terminés par une vis que l'on enfonce à la profondeur jugée nécessaire pour atteindre le sol complétement solide.

2o De tubes en fer cylindriques construits de pièces réunies entre elles, dans leur hauteur, par des cornières formant des nervures très-solides sur la surface du cylindre, et à leurs parties supérieures et inférieures, par des rondelles formant des chapeaux qui réunissent ces cornières, ainsi que les pièces cylindriques du tube. Ces tubes en fer sont fixés sur les pieux à vis par un assemblage des plus résistants, et portent à leur partie supérieure des poutres en fonte qui servent à recevoir le plancher métallique sur lequel doit s'établir ou la chaussée ou le plancher qui sert de plate-forme à la jetée.

Ces tubes en fer sont enfin recouverts du côté de la mer d'un blindage métallique destiné à supporter les chocs et à arrêter les galets ; une armature d'entretoises et de croix de Saint-André réunit tous ces tubes entre eux, de manière que l'ensemble de tout le système offre une résistance invincible. Cette résistance est de 8 *tonnes par mètre carré*, avec des pieux espacés, comme nous le projetons, de 3 mètres d'axe en axe. Ce système de brise-lames métalliques a deux avantages immenses : économie de temps et d'argent ; 9/10 pour le temps, 1/3 pour la dépense. Le prix d'une telle construction peut être fixé à 6,500 fr. le mètre courant.

On objecte, il est vrai, à ce système l'immersion du fer dans l'eau de mer comme une cause de détérioration ; mais ne peut-on pas répondre qu'on a construit bien des portes métalliques dans nos ports de mer sans que les ingénieurs aient eu à le regretter, et qu'en prenant les précautions usitées en pareilles circonstances, au moyen d'enduits ou de peintures préservatrices posées à chaud, on arrive à éviter les accidents provenant de la rouille.

Dans ce système, la surveillance et les réparations sont faciles, car les tubes en fer qui forment la charpente des brise-lames ont le très-grand avantage de pouvoir être visités *intérieurement*, leur diamètre étant suffisant pour qu'un enfant y puisse descendre.

En résumé, les travaux à exécuter à Dieppe comprennent : 1° approfondissement du bassin de retenue et du chenal pour avoir une profondeur d'eau constante de 8 mètres au-dessous des marés de morte-eau ; 2° prolongement de ce chenal amélioré jusqu'à l'écluse n° 1 à 4,800 mètres au-delà du bassin ; 3° établissement en ce point dans la vallée de Saint-Martin-Eglise d'un port de refuge militaire ; 4° prolongement des brise-lames en mer pour assurer l'entrée des navires avec un tirant d'eau de 8 mètres.

Nous croyons pouvoir affirmer que le port de Dieppe, qui possède une rade d'une étendue magnifique et sûre en tout temps, qui possédera bientôt une entrée unique dans la Manche, grâce aux travaux projetés par les ingénieurs de l'Etat et à ceux que nous projettons nous-mêmes, deviendra le port le plus recherché par la marine militaire et la marine marchande, dès qu'il sera en communication directe et constante avec Paris par le canal maritime.

CHAPITRE VI

ESTIMATION DES DÉPENSES DU CANAL MARITIME ET DES PORTS DE PARIS ET DE DIEPPE,
PRODUITS DE L'ENTREPRISE. — CONCLUSION.

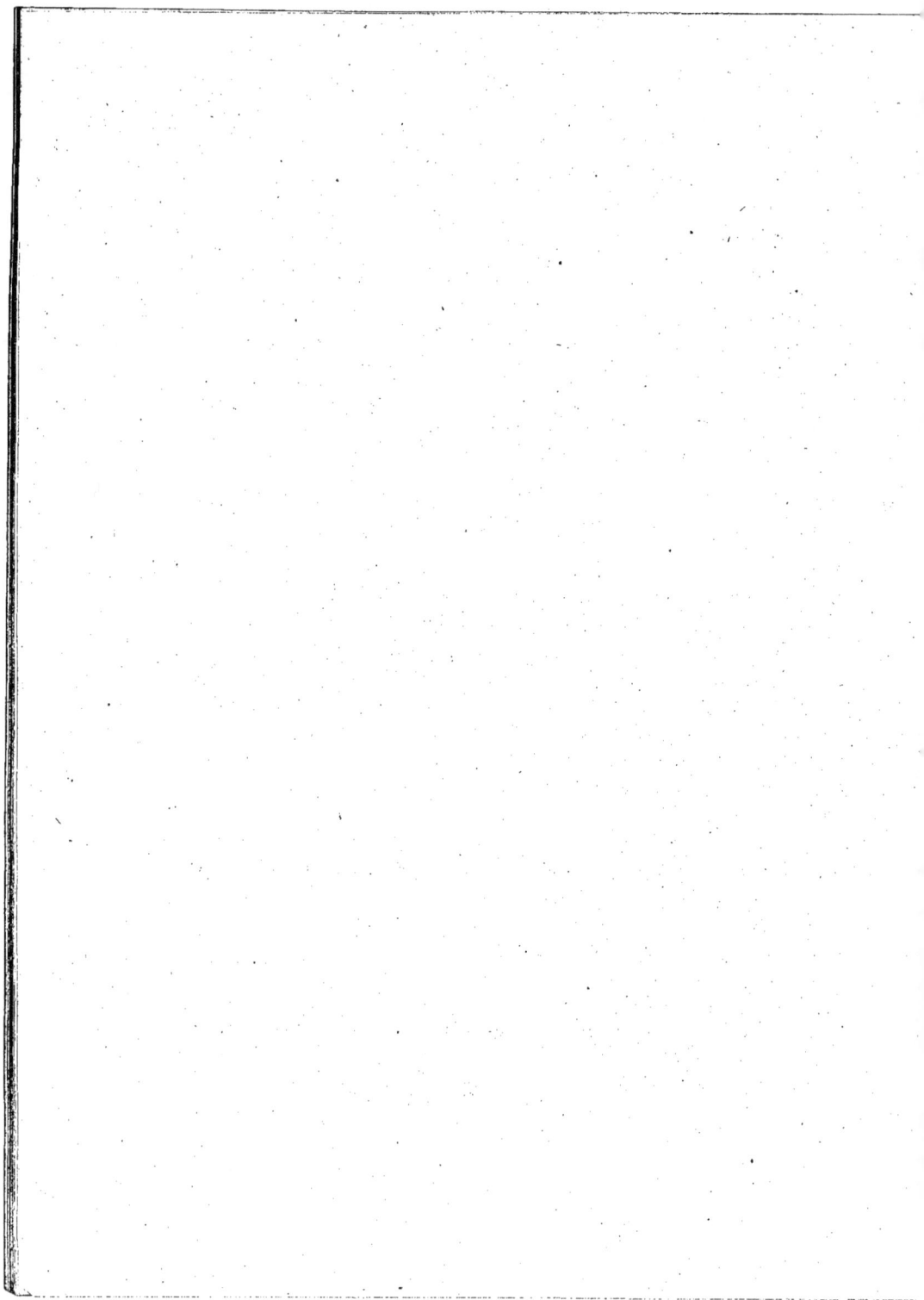

CHAPITRE VI

ESTIMATION DES DÉPENSES DU CANAL MARITIME ET DES PORTS DE PARIS ET DE DIEPPE,
PRODUITS DE L'ENTREPRISE. — CONCLUSION.

Notre estimation générale pour tous les travaux du canal et du port de Paris s'élevait à la somme de *deux cent millions de francs*. Ce chiffre résulte de longs calculs qu'il serait inutile de rappeler ici en détail.

Estimation générale des dépenses.

La commission des ingénieurs anglais, présidée par M. Bateman, après avoir vérifié et contrôlé sur place les bases de cette estimation, a cru devoir, par excès de prudence, la porter à 225,000,000 fr. Nous avons accepté cette augmentation qui donne à la compagnie qui exécutera ces travaux, à ses risques et périls, les plus sérieuses garanties.

Bien que ces travaux soient considérables, il n'est pas déraisonnable d'admettre qu'ils pourront être exécutés en *trois années* à l'aide d'une armée de travailleurs de *trente mille hommes*.

On ne doit pas oublier que le tracé traverse les parties les plus riches de la Normandie. Partout la population est nombreuse, et souvent le travail manque, ainsi que nous l'avons malheureusement vu l'année dernière à l'époque de la crise cotonnière.

A Paris, l'immense chantier du port présenterait le précieux avantage d'assurer le travail à la classe ouvrière pendant trois hivers consécutifs.

L'importance politique que le projet peut présenter à cet égard n'échappera pas à tous ceux qui savent combien il est urgent, dans nos temps troublés, d'assurer du travail dans le voisinage des grandes cités.

Si, à la somme de 225 millions de travaux, on ajoute le service des intérêts pendant l'exécution, les frais de conduite, d'organisation de société, de commissions de banque, etc., *on arrive au chiffre total de 250 millions pour le capital de la société exécutante.*

L'argument favori des adversaires du projet c'est de soutenir que cette dépense ne sera pas rémunératrice.

C'est là une erreur profonde, fruit de l'irréflexion et d'une connaissance imparfaite de la question.

Nous allons le démontrer en quelques mots :

Il faut d'abord se rappeler que les produits de l'entreprise proviendront de deux sources :

1° Le trafic du canal ;

2° Le trafic du port et des docks de Paris, comprenant : les droits de stationnement, d'entrepôt, d'entrée et de sortie des marchandises, d'emmagasinages, d'arimages, de pesages, de circulation, etc.

En cherchant à évaluer ces divers produits et en nous basant sur les tarifs les plus modérés, nous sommes arrivés à cette conséquence : *que les divers produits du port de Paris seront au moins aussi élevés que ceux du canal.* Les auteurs du projet du canal maritime de Paris au Havre étaient arrivés au même résultat. En se référant aux publications officielles de la Compagnie, présidée par le prince de Polignac, en 1827, on peut voir que l'ensemble des produits bruts du canal et du port de Paris étaient évalués à *cette époque à la somme totale* de 19,454,776 *francs, et les produits nets à* 17,454,776 *francs.* Ce produit brut ne correspondait cependant qu'à un mouvement moyen de 569,188 tonneaux parcourant la longueur totale du canal, ou à 923,600 tonneaux de circulation partielle.

Or, nous avons vu dans le chapitre premier, qu'il n'est pas possible d'estimer la circulation du canal maritime de Dieppe à Paris à moins de 2 millions de tonneaux, parcourant la distance entière, et à 4 millions de tonneaux parcourant les 57 kilomètres compris, entre la traversée de l'Oise et la capitale, soit, une circulation moyenne de 2,600,000 tonneaux parcourant les 190 kilomètres de Dieppe à Paris.

Le tonnage a donc plus que triplé depuis 1827, et les produits devraient être augmentés dans la même proportion, s'il n'était devenu nécessaire d'opérer des réductions importantes dans les droits à percevoir, tant pour l'usage du port que pour celui du canal.

Bien que ces réductions soient notables, elles laissent cependant une marge très-suffisante à de beaux bénéfices pour les capitaux engagés dans l'entreprise.

Dans le produit brut de 19,454,776 francs, les produits spéciaux du port de Paris étaient évalués, en 1827, à plus de neuf millions de francs.

En ce qui nous concerne, après les enquêtes les plus minutieuses et les plus détaillées *nous n'évaluons pas à moins de* 20 *millions par années les recettes brutes du port de Paris,* et les personnes compétentes ne trouveront pas cette somme exagérée, quand elles réfléchiront que ces produits embrassent les manutentions d'une masse énorme de marchandises, d'une masse quatre fois plus considérable que celle qui a servi de base aux calculs de 1827.

Quand au trafic du canal, en se basant sur un prix moyen de 6 fr. par tonne de la mer à Paris, on trouve un produit brut de 15,600,000 fr.. ce qui porte le produit brut total de l'entreprise à 35,800,000 francs.

N'oublions pas que ce tarif si réduit de 6 fr. par tonneau, sans *déchargement* de la mer à Paris, donnera au commerce de la France des bénéfices immenses *puisque la moyenne des tarifs du chemin de fer en tarifs généraux est de* 23.76 *de Dieppe à Paris et la moyenne des tarifs spéciaux de* 10 *fr.* 50, *soit une moyenne générale de* 17 *francs.*

Les tarifs du canal ne seraient donc *pas la moitié des tarifs aujourd'hui perçus par le chemin de fer.*

Mais le canal n'aurait pas seulement sur ce dernier l'avantage d'une économie énorme; il *présenterait encore celle d'une plus grande vitesse pour la marchandise.*

Temps employé pour le parcours du canal.

Ce résultat peut d'abord paraître singulier, cependant il n'en est pas moins certain.

Le temps employé pour le parcours du canal sera en effet au plus de deux jours.

Les 68 écluses exigeront chacune un delai de 15 minutes,

Soit en tout. 17 heures.

La vitesse des remorqueurs sera d'au moins 8 kilomètres à l'heure, soit pour les 190 kilomètres. 24

Temps perdu à *valoir*. 7

Total. 48

Or, le chemin de fer étant obligé de subordonner le transport des marchandises au service des voyageurs ne peut rendre aujourd'hui ces marchandises qu'après un délai de 4 à 5 jours. — Le chemin de fer n'est pas en effet comme le canal, un instrument de transport simple. Compliqué, embarrassé, dans ses mouvements, le trafic à très-bas prix des matières encombrantes et pondéreuses devient pour lui plutôt une source d'embarras qu'une occasion de bénéfices.

Aussi sommes-nous bien convaincus, qu'au bout de quelques années le canal ne nuira en rien à la fortune des chemins de fer parallèles; les craintes suggérées à cet égard ne proviennent que des notions fausses et imparfaites qui ont encore cours parmi nous en ce qui concerne les lois qui président à l'économie des transports.

Plus un pays s'enrichit, plus ses moyens de circulation deviennent multiples et économiques, plus les chemins de fer y trouvent des éléments de prospérité, des sources de fructueux trafics. L'exemple de l'Angleterre est là pour convaincre les plus incrédules.

Détails sur l'estimation.

Dans l'estimation générale des 225 millions, le port de Paris, avec toutes ses dépendances, entre pour 55 millions; cette partie de la dépense a été la plus facile à calculer, car elle ne comprend que des travaux très-simples et qui laissent peu de place à l'imprévu.

Ce sont, en effet, des déblais dans la plaine des Gennevilliers, des murs de quai, des hangars, des voies de fer, des ponts métalliques et des machines.

Le canal est estimé, avec toutes ses dépendances, à 170 millions, *soit à* 900,000 fr. *par kilomètre.* Bien qu'il soit plus difficile d'évaluer ici la dépense, nous avons cependant la conviction la plus intime que ce chiffre ne sera pas dépassé en cours d'exécution, et cette conviction est partagée par tous les ingénieurs expérimentés qui ont étudié et parcouru le terrain sans préventions.

En effet, par un privilége rare, les vallées traversées sont partout faciles, largement ouvertes ; les déblais seront faits dans un terrain peu résistant, où le rocher ne se montre presque jamais.

Les travaux d'art n'ont rien d'extraordinaire ; la seule difficulté est la tranchée de 34 mètres de hauteur du point de partage de Forges.

En ce qui concerne les travaux d'alimentation, qui entrent dans le *total pour 24 millions de francs,* leur installation laisse peu de marge à l'imprévu ; car ce sont des machines, des tuyaux, des bâtiments faciles à évaluer et à faire soumissionner d'avance.

Le cube total des terres à remuer pour l'installation du canal, y compris les tranchées des deux points de partage, ne dépasse pas 35 millions.

Sur tout le tracé, les matériaux de meilleure qualité abondent pour la construction des ouvrages d'art; presque partout on peut fabriquer de la brique avec une grande économie. Son emploi sera précieux pour tous les ouvrages d'art d'une médiocre importance.

Si l'on considère que nous n'avons pas un seul souterrain, que notre grande tranchée n'a qu'une longueur de 600 mètres, que nous ne devons surmonter aucun de ces obstacles devant lesquels l'art doit toujours hésiter dans ses évaluations; *si on réfléchit surtout que ce prix de 900,000 fr. par kilomètre n'a été encore atteint par aucun canal ; que le prix du canal Calédonien, qui se rapproche le plus du nôtre par ses dimensions, n'a pas dépassé 700,000 fr. par kilomètre, on restera convaincu que notre évaluation est plutôt au-dessus qu'au-dessous de la réalité.*

Le système d'alimentation que nous avons imaginé et qui constitue l'originalité du présent projet, a non-seulement l'avantage d'être certain dans ses résultats, de ne demander que des dépenses d'exploitation toujours proportionnelles aux produits, mais encore de ne présenter *aucune incertitude dans les dépenses d'installation.*

La construction de machines, d'usines, de tuyaux, est chose trop connue pour présenter aujourd'hui la moindre difficulté ou incertitude.

Ceci nous conduit à aborder une question fort importante :

Quelle dépense devra-t-on faire en eau montée pour le transport d'une tonne de Dieppe à Paris ?

De quelle manière se décompose le coût total du transport de la tonne ?

Dépense en eau montée pour le transport de Dieppe à Paris.

Nous avons vu dans les chapitres précédents, que le service serait organisé sur le canal, de manière à ce qu'une éclusée serve au transport d'au *moins mille tonnes en moyenne dans les deux sens,* rien n'étant plus facile que d'utiliser une éclusée pour la descente et la montée.

L'usage du télégraphe électrique, permet aujourd'hui une telle organisation. Chaque éclusée étant de 9,600 mètres cubes et le passage d'un convoi par chaque bief de partage exigeant deux éclusées, l'une pour la montée et l'autre pour la descente, il en résulte qu'en nombre rond, chaque tonne de marchandises exigera la dépense de dix mètres cubes d'eau à chaque point de partage pour la manœuvre des écluses.

1° Au point de partage d'Herblay, nous avons vu que le mètre cube d'eau nous revient à un centime, soit pour 10 mètres cubes qu'exige le transport de la tonne . . . . 0 f. 10

2° Au point de partage de Forges, le prix de revient du mètre cube étant de trois centimes, nous aurons pour le transport de la tonne en dépense d'eau 0 30
_____
Total . . . . 0 f. 40

Si nous ajoutons 0,20 pour représenter très-largement les dépenses d'eau relatives à l'évaporation et à la filtration, nous arrivons à cette conséquence très-importante :

Que la dépense d'eau entre à peine pour un dixième dans le prix de transport déjà si réduit de 6 fr. par tonne de Dieppe à Paris, en admettant que les machines marchent toute l'année et que nous n'empruntions pas une goutte d'eau aux divers cours d'eau rencontrés par le canal ; or, dans la pratique, il n'en sera pas ainsi; l'emploi de nos écluses doubles et des emprunts en temps de grandes eaux, réduiront ce chiffre d'au moins moitié.

Objection faite contre les écluses.

Devant un pareil résultat, que deviennent toutes ces objections contre l'emploi des écluses ? N'est-il pas évident que ces dernière ne grèvent en aucune façon l'entreprise, tout en présentant l'immense avantage de réduire de moitié la distance qui sépare Paris de la mer (1).

Ici se révèle tout l'avantage d'un canal à point de partage, tel que celui que nous proposons sur un canal latéral à la Seine, dont la longueur serait au moins double.

Les écluses qui permettent cette abrévation énorme, n'ont aucun désavantage réel, *puisque, malgré leur existence, le temps employé pour le parcours du canal n'est que la moitié du temps employé par le chemin de fer, et que l'eau nécessaire pour alimenter ces écluses et ce canal ne grèvent les frais de transport que d'une manière insignifiante.*

Un tel résultat peut paraître au premier abord singulier; il n'en est cependant pas moins réel. C'est une conséquence de l'économie avec laquelle les machines élèvent les eaux, et des avantages naturels que présentent les canaux, qui perfectionnés convenablement, auront toujours un avantage sur les chemins de fer pour le transport des matières encombrantes et pondéreuses.

Nous avons dit que dans chacune de nos prises d'eau d'Herblay et de la Bethune, nous avions disposé des machines de rechange pour parer aux accidents. La division du service en un grand nombre de machines bien installées et bien construites, et l'existence de ces machines de rechange, nous donnent toute sécurité contre les chômages. *(Objection contre le chômage des machines.)*

Aux personnes assez étrangères à ces questions pour craindre une interruption, nous pourrions répondre: Ne voyons-nous pas dans une foule de mines profondes, l'exploitation, *l'existence même des ouvriers entièrement subordonnée à la permanence du jeu de machines d'épuisement qui souvent même ne sont pas établies en double;* et cependant ces exploitations ne marchent-elles pas avec une permanence satisfaisante et sans aucun danger ? Nous voudrions que ceux qui conservent le moindre doute à cet égard, pussent visiter les bassins houillers de l'Angleterre, descendre au fond de ces mines où l'activité et l'audace de l'homme luttent avec la nature souterraine; partout ils verraient de puissantes machines devenir la base du travail et de l'existence de tous.

Combattons donc ces fausses idées, défaisons-nous de ces préjugés contre les

(1) Ce prix de 0 fr. 60 correspond par onne et par kilomètre, à 0 fr. 003.

machines qui n'ont cours parmi nous que parce que jusque dans ces temps derniers nous avons été pour leur construction et leur exploitation, inférieurs à nos voisins ; ne nous laissons pas influencer par quelques essais maladroits qui ne prouvent que l'inexpérience des constructeurs, sans atteindre la vérité du principe.

CONCLUSION

A ceux qui soutiennent que le canal ne serait pas une œuvre suffisamment rémunérative, nous répondons : Vous auriez peut-être raison, s'il était isolé ; mais uni et confondu dans la même spéculation avec le port de Paris, il n'en n'est plus de même. Ces deux entreprises ne sauraient donc être séparées.

C'était la conviction des fondateurs de la Compagnie de 1827, et c'est aussi la nôtre.

Le port et le canal font partie d'un même tout et en les réunissant dans une même concession, il devient possible d'assurer aux capitaux un bénéfice bien suffisant. C'est ce qu'ont pensé les hommes de finance habiles et considérables qui ont étudié l'affaire avec nous. A cet égard, leur conviction est absolue ; elle ne s'appuie ni sur des connaissances superficielles, ni sur ces opinions énoncées à la légère comme on en voit tant surgir, mais sur une expérience consommée des grandes entreprises commerciales, sur une connaissance approfondie des ressources et des besoins de commerce des deux premières nations du monde : *la France et l'Angleterre*. Ces autorités financières ne demandaient qu'une seule chose, la démonstration de la possibité de l'entreprise au point de vue de l'art et de l'alimentation du canal ; ces démonstrations, nous les avons données.

Ce n'est donc plus une opinion isolée que nous présentons aujourd'hui au public impartial. Notre idée commune est allée depuis plusieurs mois se complétant, se transformant par les études les plus sérieuses et les plus approfondies tant sur le terrain que dans le cabinet. Nous défiant même de nos propres impressions, nous nous sommes adressés à un grand nombre de personnes expérimentées qui nous ont apporté le fruit de leurs propres observations. Le rapport de la commission des ingénieurs anglais qui suit ce mémoire et qui présente une grande autorité, vient d'ailleurs à l'appui de toutes nos assertions.

C'est donc à l'opinion, c'est au sentiment public, c'est à tous les hommes qui désirent et la grandeur et la prospérité du pays, que nous nous adressons maintenant pour leur soumettre une idée qui peut étonner au premier abord, mais qui est essentiellement juste, pratique et déjà jugée par d'importantes autorités, tant au point de vue de l'art qu'au point de vue commercial.

ARISTIDE DUMONT,
Ingénieur en chef des ponts et chaussées, etc.

LOUIS RICHARD,
Ingénieur civil.

N. B. — Nous devons enregistrer ici les vœux du conseil général de l'Oise, du conseil municipal de Beauvais et de Dieppe, ces vœux ont été tout récemment rendus en faveur de notre projet, et cet exemple va sans doute être suivi par une foule de corps constitués.

La carte jointe au mémoire indique le tracé du canal ainsi qu'un embranchement que nous proposons de jeter sur la ville de Rouen par la vallée de l'*Andelle*; la longueur de cet embranchement serait d'environ 51,000 mètres et son exécution ne présenterait pas de difficultés.

Nous insérons ci-après *in extenso* le rapport de la commission des ingénieurs anglais et la délibération du conseil municipal de Dieppe.

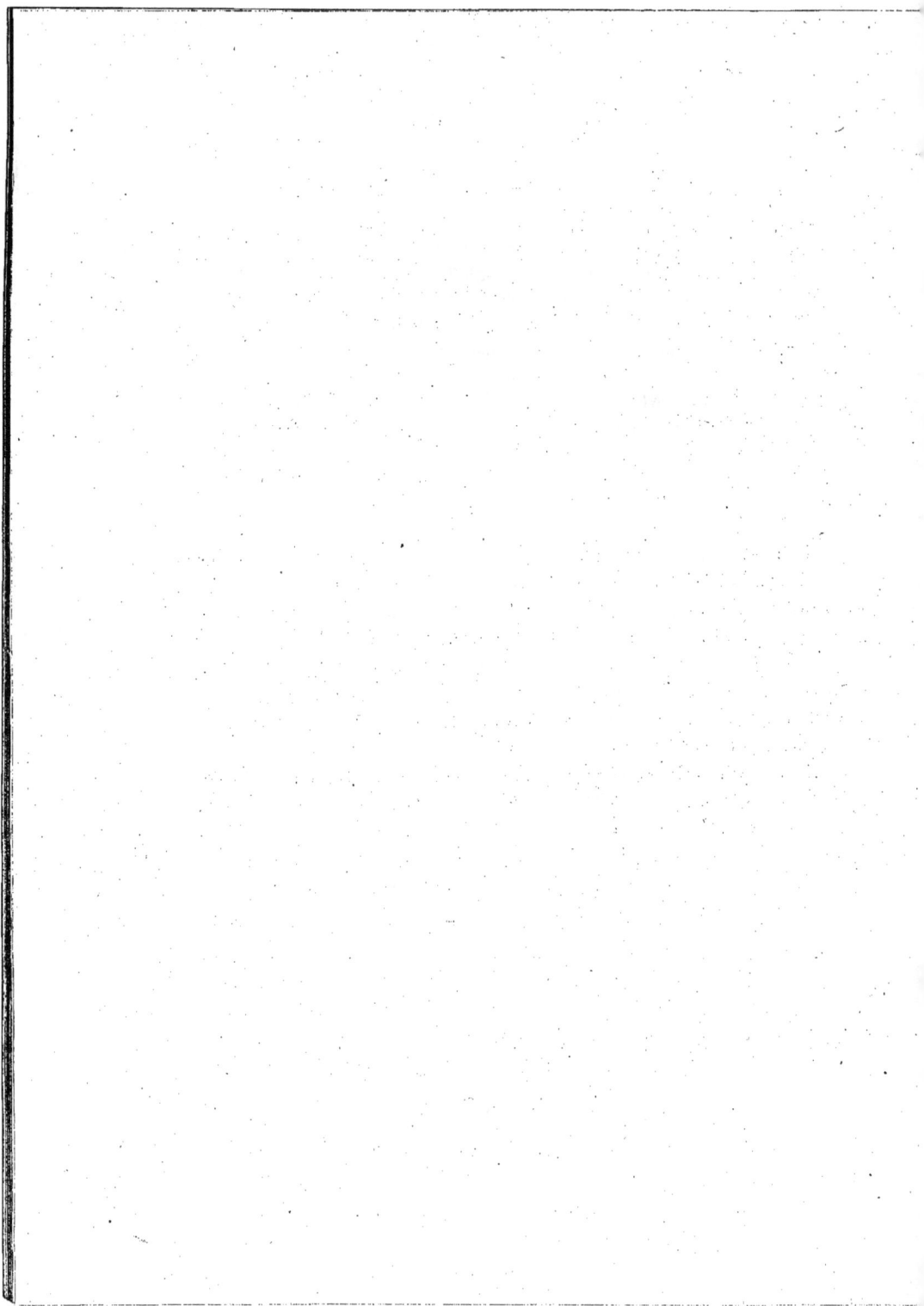

DU REGISTRE DES DÉLIBÉRATIONS

Du conseil municipal de la ville de Dieppe a été extrait ce qui suit

Séance du 13 novembre 1863

Étaient présents : MM. Leclerc-Lefèbvre, Maire, Le Gros, adjoint; Arm. Le Bourgeois, Lunel, Frère, Leger, Delarue, Blard, Dufour, Sellier, Sanson, Poullet, Delabarre, Lemaitre, Lebaron, et Lebon.

PORT DE DIEPPE

CANAL MARITIME DE DIEPPE A PARIS

Un membre entretient le Conseil de l'importante question, pour les représentants des intérêts généraux de la ville de Dieppe, de la création d'un canal maritime à grande section de Dieppe à Paris.

Depuis quelque temps déjà, la presse a entretenu le public des études entreprises dans ce but, exécutées, pour ainsi dire, sous nos yeux, et qui paraissent arrivées à leur terme.

Que c'est donc le moment d'examiner si ce projet est de nature à être appuyé par la ville de Dieppe.

Cette proposition est prise en haute considération par le Conseil qui délibère ce qui suit :

Considérant que, depuis un temps immémorial, la question de la création d'un canal de Dieppe à Paris, a toujours préoccupé, soit les représentants de la ville, soit le gouvernement lui-même ; et que non-seulement un grand nombre de projets ont été présentés à cet effet, mais encore que plusieurs ont été approuvés et que l'un d'eux, même, a reçu un commencement d'exécution vers 1785, et que les traces matérielles de cette exécution subsistent encore aujourhhui sur une certaine étendue

Considérant que le soin qu'on a pris de conserver intact ce premier monument de l'utilité de cette grande voie de communication, prouve toute l'importance qui n'a cessé d'être attachée à sa création;

Qu'en effet, l'admirable situation de la ville de Dieppe, au fond d'une des belles rades des côtes de France, la profondeur d'eau de cette rade, exempte de tout écueil, et la facilité d'accès que donne cette hauteur d'eau pour l'entrée des navires du plus fort tonnage, dans son port, devaient nécessairement attirer l'attention des divers gouvernements qui se sont succédés, au point de vue du parti qu'on pouvait tirer de cette situation exceptionnelle pour mettre Paris en communication avec la mer.

Les différentes études auxquelles on s'est livré ont toutes démontré que les vallées qui de Dieppe aboutissent à Paris, se prêtent admirablement à la réalisation de ce magnifique projet.

Parmi ces études, celles de la Compagnie Sabattié paraissent, sans contredit, les plus complètes en ce qu'elles présentent ce projet sous un aspect plus grandiose et que les Compagnies financières qui désirent attacher leur nom à sa réalisation inspirent la plus grande confiance.

En effet, il résulte de documents fournis par la Compagnie et livrés à la publicité que :

1o Les études sont entièrement terminées et qu'elles démontrent péremptoirement la possibilité et la facilité d'exécuter le canal et de l'alimenter ;

2o Que la Compagnie ne demande ni à l'État ni aux communes aucune subvention ni aucune garantie d'intérêt ;

3o Que le capital est déjà assuré et qu'il ne sera fait aucun appel au public souscripteur.

Considérant qu'une proposition faite dans ces conditions offre des garanties sérieuses pour un travail aussi important et qui aura surtout pour effet de hâter l'exécution des travaux énumérés dans un programme complet dont la réalisation doit procurer au port de Dieppe les avantages que comportent la profondeur de ses eaux, la vaste étendue des terrains qui l'entourent et se prêtent si admirablement à la création des immenses bassins projetés;

Considérant les avantages que trouveraient dans l'ouverture du canal, en cas de tempête ou de guerre, les navires de l'État ou du commerce en danger, pour se réfugier en tout temps et à toute heure soit dans le port, soit à l'abri des collines qui leur offrent la plus parfaite sécurité;

Par les considérations ci-dessus :

LE CONSEIL,

A L'UNANIMITÉ,

APPUIE de tous ses vœux le projet présenté par la Cie Sabattié pour la construction d'un canal maritime de Dieppe à Paris.

Pour copie conforme :

Le Maire,

LECLERC-LEFEBVRE.

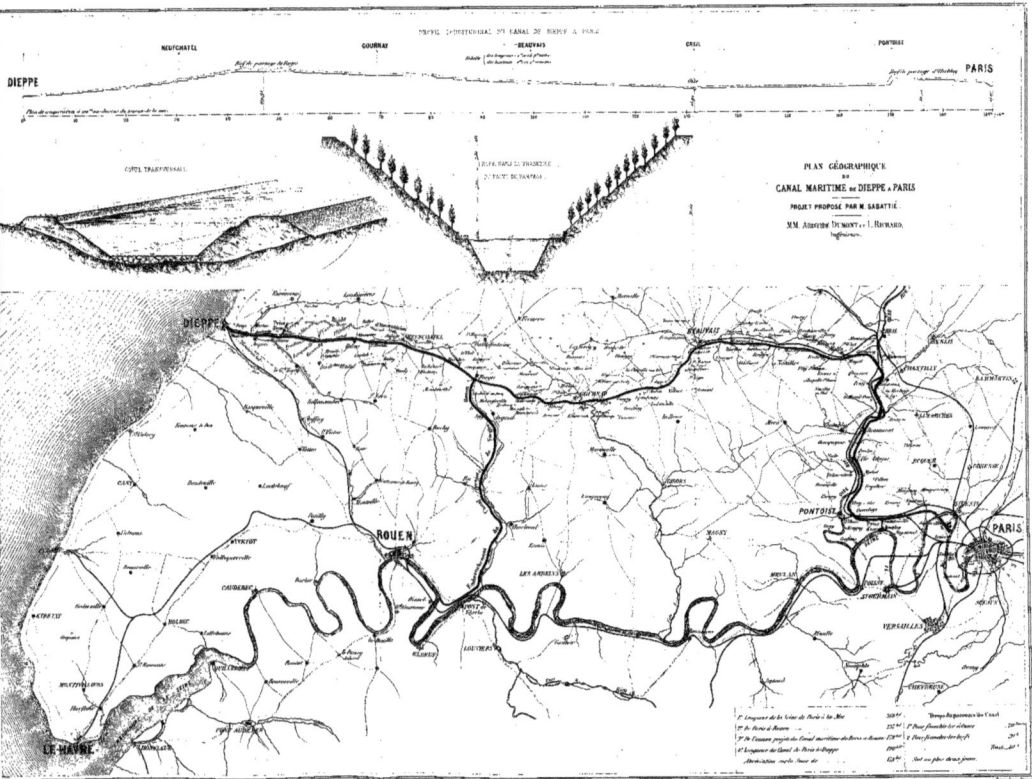

PROFIL LONGITUDINAL DU CANAL DE DIEPPE A PARIS

DIEPPE   NEUFCHATEL   GOURNAY   BEAUVAIS   CREIL   PONTOISE   PARIS

PLAN GÉOGRAPHIQUE
DU
CANAL MARITIME DE DIEPPE A PARIS

PROJET PROPOSÉ PAR M. SABATTIÉ

MM. Auguste DUMONT et L. RICHARD,
Ingénieurs.

DIEPPE

ROUEN

LE HAVRE

BEAUVAIS

PONTOISE

PARIS

VERSAILLES

TABLE DES MATIÈRES

~~~~~~~

pages

FIN DE LA TABLE

PARIS. — TYPOGRAPHIE VALLÉE, 15, RUE BREDA.

RAPPORT

DE LA

COMMISSION DES INGÉNIEURS ANGLAIS

La réalisation du capital nécessaire pour l'exécution du Port de Paris et du Canal maritime de Dieppe à Paris était subordonnée au rapport approbatif d'une commission composée d'ingénieurs anglais.

Pour présider à cette commission, il a été fait choix de M. Bateman. Ce choix ne pouvait être meilleur ni présenter plus de garanties.

Membre de la Société Royale de Londres (Institut anglais), l'un des membres les plus distingués de la Société civile des Ingénieurs, qui renferme dans son sein tant d'illustrations, M. Bateman a exécuté de grands travaux hydrauliques tant en Angleterre que sur le continent. Son opinion est donc une autorité imposante et qui vient à l'appui du projet.

16, Great George Street, Westminster.
31st October 1863.

DIEPPE AND PARIS

MARITIME CANAL

AND

PORT OF PARIS

CANAL MARITIME

DE

DIEPPE A PARIS

ET

PORT DE PARIS

GENTLEMEN,

1. Since I had the honor of receiving your instructions to investigate these important projects, I have lost no time in discharging the duties entrusted to me. I immediately proceeded to Paris and have gone over the whole line of Canal, about 120 miles in length. I have been enabled to make a very thorough investigation by aid of the elaborate surveys and ample details which have been prepared by the French Engineers Mr. Dumont et Mr. Richard who have accompanied me over the ground and who have afforded me every information. I was also accompanied in my journey by Mr. Sabattie, promotor of the project, Mr. D. Tamet and Mr. Azzoni; and to all of them I have to express my obligations for the information they have supplied.

2. I have of course been obliged to assume all the quantities of the work as they have been given to me, but I have examined these and other details as far as time would permit, and I have every reason to believe them to be correct.

MESSIEURS,

1. Depuis que j'ai eu l'honneur de recevoir vos instructions pour vérifier ces importants projets, je n'ai mis aucun retard à remplir la mission qui m'avait été confiée. Je me suis immédiatement dirigé vers Paris, et j'ai parcouru toute la ligne du Canal, qui est d'une longueur d'environ 120 milles. J'ai été mis à même de faire une très-parfaite investigation au moyen d'études élaborées et d'amples détails qui avaient été préparés par les ingénieurs français M. Aristide Dumont, ingénieur en chef des ponts et chaussées, et M. Louis Richard, ingénieur civil, qui m'ont accompagné sur le terrain, et qui m'ont fourni toutes les informations nécessaires. J'étais aussi accompagné dans mon voyage par MM. E. Sabattié, promoteur du projet; D. Tamet et F. Azzoni; et je dois exprimer ici combien je suis obligé à tous ces Messieurs des informations qu'ils m'ont fournies.

2. J'ai naturellement dû prendre toutes les bases du travail telles qu'elles m'ont été données, mais j'ai examiné tout en détail, autant que le temps me l'a permis, et j'ai toutes les raisons de les croire exactes.

3. The greatest care has been bestowed upon the scheme, both in the selection of the ground, and in the determination of its dimensions and the arrangement of its details. I have ventured to make a few suggestions with a view to greater economy, security or facility of construction, which appeared to me desirable and which have been at once accepted by the Engineers.

4. It is difficult to conceive a country more favorable for the execution of the work, and it does not appear to me that there will be, in any part of it, any difficulty which it is worth alluding to. For nearly the whole distance between Dieppe and the River Oise near Creil, the Canal will pass at the bottom of valleys of alluvial deposit, which consist nearly throughout of water-tight materials. At the summit of this portion of the Canal, it will pass through the geological formation, known as the green sand, and will require to be made water-tight by artificial means, for which the adjacent country affords abundant material. In the portion of the Canal betwixt the River Oise and Paris, a considerable length will pass this ground, which is not naturally water-tight, but here again no difficulty is presented to making it so.

5. The dimensions of the Canal have been determined, partly with reference to the general traffic which may be expected, and partly with a view to adapting it to the passage of the largest sea-going vessels whether for war or merchandise. Thus the depth of the Canal, which is proposed to be 8 metres, and the length and width of the Locks, which are proposed to be 120 metres by 20 metres, will admit vessels of the largest size resorting to

3. Le plus grand soin a été apporté aux études, au choix du terrain, à la détermination des dimensions et à l'arrangement des détails du projet.

J'ai dû cependant faire quelques observations en vue d'une plus grande économie, sécurité ou facilité de construction. Ces observations ont été prises immédiatement en considération par les ingénieurs auteurs du projet.

4. Il est difficile de concevoir un pays plus favorable pour l'exécution du Canal proposé, et je n'ai aperçu dans aucune partie une seule difficulté digne d'être citée. Sur toute la distance entre Dieppe et la rivière de l'Oise, près Creil, le Canal passe dans le fond de vallées formées de dépôts d'alluvion, qui consistent presque partout en terrains imperméables. Au sommet de cette portion du Canal on trouve des couches géologiques connues sous le nom de *sables verts* qu'on devra rendre étanches par des moyens artificiels, pour lesquels d'ailleurs les localités adjacentes fournissent d'abondants matériaux.

Dans la portion du Canal entre l'Oise et Paris, une grande partie de terrain n'est pas naturellement imperméable, mais là encore ne se présente aucune difficulté sérieuse pour le rendre tel.

5. Les dimensions du Canal ont été fixées de manière à le rendre accessible au passage des plus grands navires de guerre ou de commerce; la profondeur sera de 8 mètres; les écluses, de 120 mètres de longueur sur 20 mètres de largeur, permettront de recevoir les vaisseaux des plus grandes dimensions qui entrent aujourd'hui dans les divers ports de France. La largeur normale du Canal est suffisante d'ailleurs pour permettre aux navi-

any port in France, while the ordinary width of the Canal (though less than the proportion which is usually maintained in relation to the width of the Locks) is sufficient to allow two vessels of the largest size to pass each other, except for a length of 5 or 6 kilometres, through the deep cutting at the summit level of the Canal. The width is more than sufficient for the general traffic and for the steamers which be ordinarily employed.

6. The Canal has to pass over two summits; one of 120 metres above the level of the sea, between Dieppe and the River Oise, and the other between the River Oise and the River Seine, at the proposed Port de Paris. This summit will be 24 metres above the Seine. These summits are surmounted by sixty-eight Locks counting them both up and down, each having a rise of 12 feet. The time occupied in passing through each Lock will probably be from 15 to 20 minutes, occasioning a detention of about 20 hours on the voyage betwixt Dieppe and Paris, notwithstanding which, the journey may be accomplished in two days, by aid of the steam-tugs, which it is proposed to employ for hauling the vessels.

7. The vessels using the Canal are proposed to be taken in fleets, by screw steam-tugs of 25 horse power each. The Locks being large enough to admit several at one time, according to their size, in addition to the steam-tug.

8. The expenditure of water has been estimated to meet the wants of 1000 tons of traffic passing through the Lock each time it is used,

res les plus grands de se croiser (excepté sur une longueur de 5 ou 6 kilomètres qui se trouve au point de la plus profonde tranchée vers le point de partage). La largeur est plus que suffisante pour le trafic général, et pour les bateaux à vapeur dont on se sert ordinairement.

6. Le Canal doit franchir deux sommets, l'un de 120 mètres au-dessus du niveau de la mer, entre Dieppe et l'Oise, et l'autre situé entre l'Oise et la Seine.

Ce dernier sommet sera de 24 mètres au-dessus de la Seine. Ces hauteurs seront franchies au moyen de soixante-huit écluses, en comptant celles de montée et de descente, chacune ayant 4 mètres de chute.

Le temps employé à passer chaque écluse sera probablement de quinze à vingt minutes, et occasionnera une perte de temps d'environ vingt heures sur tout le parcours du Canal entre Dieppe et Paris. Néanmoins, le voyage pourra être accompli en deux jours, à l'aide de remorqueurs à vapeur ainsi qu'on se propose de les employer pour la traction des navires.

7. On se propose de réunir en flottes les navires qui se serviront du Canal, et de les faire traîner par des remorqueurs à hélice de vingt-cinq chevaux de force chacun. Les écluses sont d'ailleurs assez grandes pour recevoir plusieurs vaisseaux en même temps que ces remorqueurs.

8. La dépense d'eau du Canal a été estimée de manière que chaque éclusée corresponde à un trafic de *mille tonnes* dans chaque

with a large margin for evaporation and leakage.

9. The supply of water to that portion of the Canal which lies between the River Oise and Paris is proposed to be obtained by pumping from the River Seine at Herblay, and there can be no question as to the abundance of the supply.

10. For the supply of the Canal between Dieppe and the River Oise, it is intended to take the combined water of three Rivers which unite a short distance above Dieppe, and to raise the water to an elevated point on the adjacent hills, from which a conduit of about 30 miles in length will have to be constructed for conveying the water to the summit level of the Canal. This work is one of easy construction. The supply which will be afforded by these Rivers in dry seasons, is probably sufficient for the requirement of a traffic, amounting to 12 million tons per annum. Provision is made in the estimates for the pumping machinery and other works necessary for supplying the wants of about 4,000,000 tons per annum, and I understand that the estimates of the probable Revenue are based on 2,000,000 tons only on this portion of the Canal. I measured the volume of the streams, and from the quantity of water then flowing, and from a consideration of the previous state of the weather, and of the geological character of the district from which the Rivers derive their sources, I am of opinion that they will be quite equal to what I have stated.

11. The provision made at Herblay for the supply of the Canal from the River Oise at Paris is also estimated on a scale adapted for

sens, en ajoutant une marge suffisante pour l'évaporation et la filtration.

9. La fourniture d'eau pour la partie du Canal qui s'étend entre l'Oise et Paris sera faite à l'aide de machines puisant dans la Seine à Herblay. Il n'y a aucun doute à concevoir sur la constance et l'abondance de cette source d'alimentation.

10. Pour l'alimentation du Canal entre Dieppe et l'Oise on a l'intention de prendre les eaux des trois rivières qui se réunissent à une petite distance au-dessus de Dieppe, et de les faire monter sur un point élevé des collines adjacentes, où une conduite d'environ 30 milles de long sera construite pour amener ces eaux au plus haut niveau du Canal.

Ce travail est d'une exécution facile; la quantité d'eau fournie par les trois rivières dans les saisons de sécheresse est sans aucun doute suffisante pour les besoins d'un trafic de douze millions de tonnes par an.

Les estimations tant pour les machines que pour les autres travaux ont été calculées de manière à suffire au besoin à un trafic de quatre millions de tonnes par an; entre Paris et l'Oise, les estimations du revenu probable ne se basent cependant que sur deux millions de tonnes sur cette portion du Canal, ce qui laisse une large marge à l'imprévu.

J'ai mesuré le volume de ces eaux; et d'après la quantité d'eau coulant alors, d'après les considérations de température et le caractère géologique de la contrée, j'estime que le volume restera au moins égal à celui que j'ai mesuré.

11. Le puisage fait à Herblay pour l'alimentation de la partie du Canal comprise entre l'Oise et Paris, est aussi basée sur une échelle

4,000,000 tons of traffic par annum, and I believe this is the amount on which the Revenue of this partition of the Canal is calculated.

12. The estimates which have been prepared by the Engineers of the cost of raising the water and of hauling the boats by steam-tugs, I have also examined, and I find them, in both cases, to be ample.

13. The Port of Paris is laid out on a really magnificent scale and without altering the dimensions of the Locks or interfering in any way with the ultimate completion of the arrangements projected, it may possibly be found unnecessary to execute the whole design at once, and if so, the estimate of the cost would have to be proportionably reduced. As they are now prepared however, they include the whole cost. The site selected is admirably adapted for the purpose, and from borings which have been made at each extremity, and judging also from such examination as I have been enabled to make, the ground will present no difficulties of construction, if as I have suggested, the bottom of the basin is kept above the ordinary level of the water in the Seine. Some modification of the plan and some additional arrangements appear to me to be desirable, but their cost is more than counterbalanced by the saving which will accrue by raising the basin, as I have suggested, above the level originally contemplated. The water for the supply of the Port will be pumped from the Seine.

14. At the Port of Dieppe the estimates contain items of expenditure amounting to £ 146,000, which it is expected will be undertaken by the governement who have, I am

12. J'ai aussi examiné les estimations de la dépense relative à l'élévation des eaux et à la traction des navires par les remorqueurs à vapeur, et je les ai trouvées très-suffisantes.

13. Le Port de Paris est projeté sur une échelle vraiment magnifique, et sans altérer les dimensions des écluses ni gêner en aucune façon l'exécution ultérieure des arrangements projetés, il serait possible qu'on trouvât inutile d'exécuter de suite la totalité du plan projeté. La dépense devrait alors être réduite proportionnellement.

Les projets supposent qu'on exécutera immédiatement la totalité des travaux. Le site choisi est admirablement convenable pour cet objet, et il résulte des sondages effectués ainsi que de l'examen que j'ai pu faire, que le terrain ne présentera aucune difficulté de construction, surtout si comme je l'ai proposé, le fond du bassin du port de Paris est établi au-dessus du niveau ordinaire de la Seine. Bien qu'il me paraisse désirable de faire quelques modifications aux plans et quelques arrangements additionnels, leur dépense est plus que contre-balancée par l'économie qui résultera de la surélévation du bassin que j'ai conseillée.

L'eau nécessaire pour le remplissage du Port sera puisée dans la Seine.

14. En ce qui concerne le Port de Dieppe les estimations portent la dépense à la somme de 146,000 livres sterling (3,650,000 francs). Cette dépense doit être faite par le Gouverne-

informed, determined upon the outlay of a large sum on the improvement of the Port.

The improvement of this Port is a most important element in the success of the proposed canal. At present it is not adapted for admitting vessels of large size, but I am told that the works projected consist in carrying jetties out to deep water, and in deepening the Channel from thence up to the Harbour. The existing Harbour however is very limited in dimensions, and it appears to me almost essential that an outer Harbour should be constructed sufficient to admit a fleet of vessels in bad weather, to shelter those which may run for succour, or which may be lying at anchor previous to, or subsequent to using the Canal.

15. I have not seen the plans of the projected works, but the coast affords facility for the construction of such a Harbour which may, I believe, be completed for little more than the sum which I understand it is proposed to expend. Dieppe presents special advantages as the *Seaport* of the Canal, not only in consequence of its being the nearest port to Paris, and in consequence of the country between the two points affording remarkable facilities for the construction of the work, but because the tides at Dieppe rise to a much greater height than on any other part of the coast to which access could be obtained.

16. A spring tide rises at Dieppe about 5 feet higher than at Havre, 20 inches higher than at Boulogne, and 8 feet 6 inches higher than at Calais. The rise of spring tides at

ment français, qui a déjà voté une forte somme pour l'amélioration de ce Port.

Cette amélioration est d'ailleurs le plus important élément de succès du Canal projeté.

En ce moment le port de Dieppe n'est pas capable de recevoir des vaisseaux de grandes dimensions; mais les travaux projetés consistant à continuer les jetées jusqu'à une profondeur d'eau convenable et à approfondir le chenal, modifieront heureusement cet état de choses.

Le port actuel est très-limité dans ses dimensions, et il me semble essentiel de construire un port extérieur suffisant pour recevoir une flotte de navires pendant les mauvais temps et pour abriter ceux qui peuvent aller au secours des autres, ou qui demeurent à l'ancre soit avant de prendre le Canal, soit après l'avoir quitté.

15. Je n'ai pas vu le plan des travaux projetés, mais les côtes offrent toutes facilités pour la construction d'un semblable port, qui, je le crois, pourrait être construit avec une dépense peu supérieure à celle qu'on propose de faire.

Dieppe présente des avantages spéciaux comme port de mer du Canal, non-seulement parce qu'il est le port le plus près de Paris et que le pays entre ces deux points offre de remarquables facilités pour la construction de ce Canal, mais aussi parce que les marées à Dieppe s'élèvent à une bien plus grande hauteur que dans toute autre partie des côtes auxquelles on peut trouver accès.

16. La grande marée s'élève à Dieppe à 5 pieds environ plus haut qu'au Havre, 20 pouces plus haut qu'à Boulogne, et 8 pieds 6 pouces plus haut qu'à Calais. L'élévation

8

Dieppe is about 25 feet and at neaps 15 feet, which added to the depth in the Channel at low water, if the entrance to the projected Harbour be carried out far enough, will permit the passage of vessels of the largest class.

17. I have very carefully considered the estimates, and have worked out independent calculations of the probable cost, taken into account many circumstances which my experience of works of this class suggested, and which in some cases appear to have been overlooked by the Engineers. The gross result approaches so nearly to the estimate which they have formed, that it is not worth while alluding to any points of difference, but in a work of this character and of such magnitude a large sum ought to be allowed for unforseen contingencies, I believe that the whole work, including costs of administration and other expenses during its construction, may certainly be accomplished for £9,000,000 sterling, which is 12 1/2 0/0 more than the estimate which has been prepared by the projectors, but I do not think it would be advisable to calculate upon a lower sum.

18. The works should in all respects be so substantially constructed that no subsequent repairs which would interrupt the traffic on the Canal would be required, as any material interruption, such as would result from the necessity of relining any part of the Canal which might turn out to be unretentive, would be a serious evil.

I have, etc.

(Signed) JOHN FREDERIC BATEMAN.

des grandes marées à Dieppe est environ de 25 pieds et la morte-eau de 15 pieds, qui ajoutés à la profondeur du Canal dans les basses eaux, si l'entrée du Port projeté peut être poussée assez loin, permettront le passage aux navires de la plus grande dimension.

17. J'ai examiné avec le plus grand soin les estimations, et j'ai fait les calculs séparés de la dépense probable, en tenant compte de différentes circonstances que mon expérience de ces sortes de travaux m'a suggérées, et qui dans quelques cas paraissent avoir été négligées par les ingénieurs.

Cependant le résultat total auquel je suis arrivé coïncide de si près avec les estimations faites par les ingénieurs, que ce n'est pas la peine de relever aucun point de différence. Mais dans un ouvrage de ce caractère et d'une telle grandeur, il faut réserver une forte somme pour les imprévus. Je pense que tous les travaux, y compris les frais d'administration et autres dépenses pendant la construction, peuvent être certainement exécutés pour 9,000,000 de livres sterling, soit 12 1/2 p. 0/0 de plus que les estimations faites par les ingénieurs. Mais je ne pense pas qu'il serait convenable de calculer sur une moindre somme.

18. Les travaux devront être, sous tous les rapports, assez solidement exécutés pour éviter toutes réparations ultérieures qui interrompraient le trafic sur le Canal; car toute interruption matérielle qui résulterait de la nécessité de réparer quelque partie du Canal, deviendrait un mal sérieux.

J'ai l'honneur, etc.

Signé JOHN FRÉDÉRIC BATEMAN.

PARIS. — TYPOGRAPHIE DE HENRI PLON, IMPRIMEUR DE L'EMPEREUR, RUE GARANCIÈRE, 8.

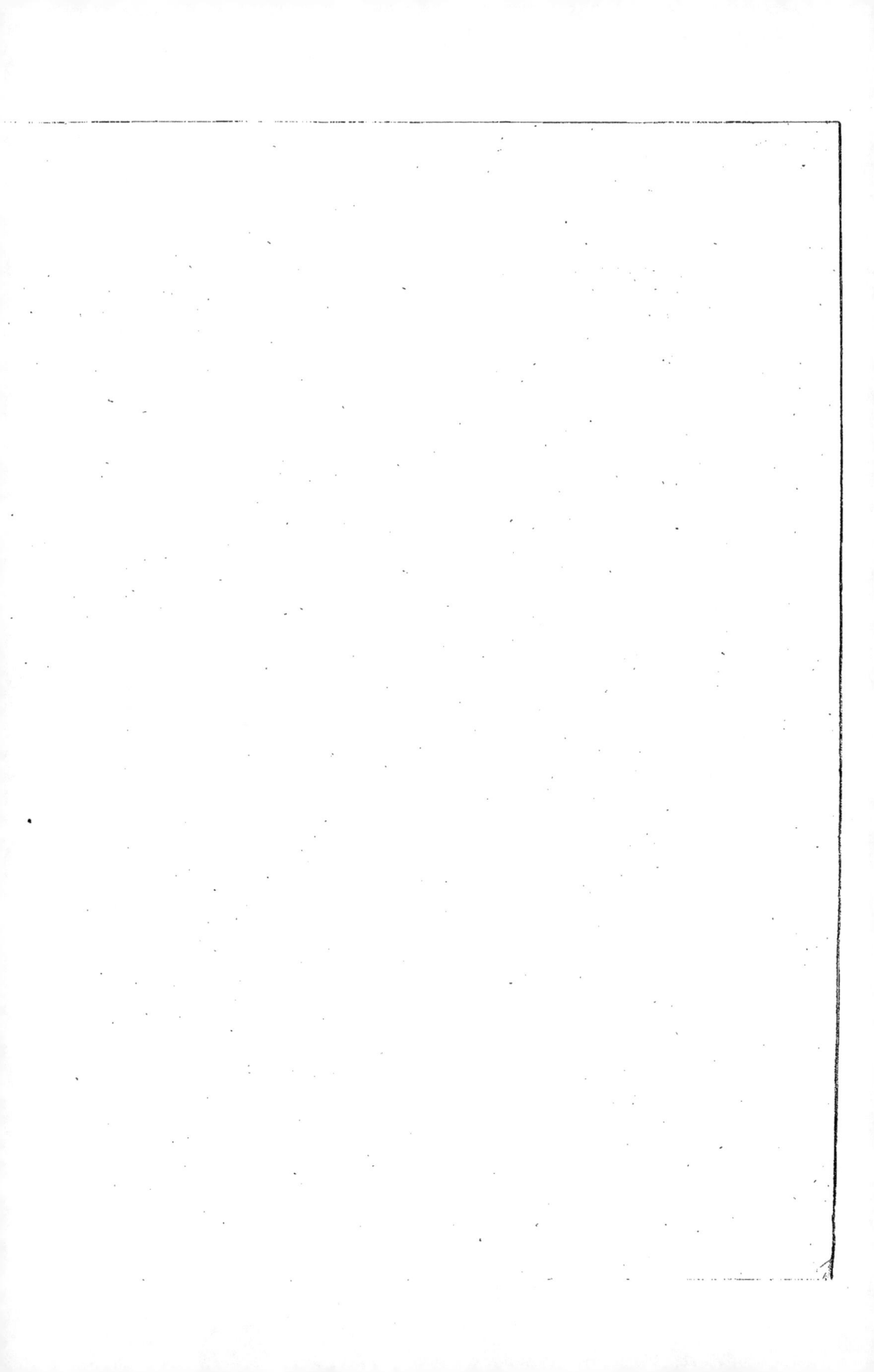

www.ingramcontent.com/pod-product-compliance
Lightning Source LLC
Chambersburg PA
CBHW050002100426
42739CB00011B/2470